하루 5분
동요의 힘

일러두기

- 책에 등장하는 아이들의 이름은 모두 가명입니다.
- 만 2세는 한국 나이로 4세 정도에 해당합니다. 이 책에서는 만 나이와 한국 나이를 따로 구분하지 않고 0~12개월(0세), 12~24개월(1~2세), 24~36개월(2~3세), 36~48개월(3~4세), 48~60개월(4~5세), 60개월 이상(5~6세)으로 표기했습니다.
- 책에 실린 동요 가사들은 한국음악저작권협회 등을 통해 사용 허락을 받았습니다. 한국음악저작권협회에 등록되어 있지 않거나 작사·작곡 미상인 동요는 추후 저작권이 확인되는 대로 적합한 절차를 통해 사용 허락을 받을 예정입니다.
- 이 책에는 저자가 직접 작사한 동요를 QR 코드로 삽입했습니다.

0~6세, 매일 감성 자극 놀이법

하루 5분 동요의 힘

김현정 지음

디선에듀

> 추천사

동요, 육아의 대안이 되다

얼마 전 〈핑크퐁 시네마 콘서트: 우주대탐험〉이 '넷플릭스 오늘의 TOP10' 영화 부문에서 글로벌 랭킹 5위를 차지했다는 뉴스를 접했다. 이 영화는 핑크퐁, 아기상어 캐릭터의 인기 동요 27곡이 삽입된 싱어송 영화다. 사실 동요 〈상어 가족(Baby Shark)〉은 유튜브 조회 수만 77억이 넘었다. 동요의 영향력을 말해주는 대목이다. 그러나 아이러니하게도 이제 한국에서 동요를 듣고 부르는 연령대는 점점 낮아지고 있다.

최근에 초등학교 3학년 아이가 읽기를 잘 못한다고 병원에 왔다. 아이는 책에 있는 글자를 마음대로 읽기도 하고, 글자를 **빼먹**고 읽거나 없는 글자를 추가해 읽는 일이 많았다. 또한 처음 보는 단어는 읽는 것 자체를 어려워했다. 이뿐만 아니라 음치에 악보도 잘 보지 못해 악기 배우기도 포기했다고 말했다.

대부분의 난독증 아이들은 단어를 소리와 연결시키는 데 어려움을 느낀다. 소리를 식별하거나 소리의 의미를 해석하는 등의 음운인식에 문제를 일으키는 것이다. 음운인식이 되지 않으면 대화 내용을 잘 이해하지 못하며, 생각을 논리적으로 말하기 어렵고 필기하는 데도 문제가 발생할 수 있다.

난독증 아이들 중에는 유독 음치가 많다. 단어에서 소리를 분리하고 소리를 단어로 지도화하는 음운인식이 안 될 뿐만 아니라 음악의 리듬과 음높이를 감지하는 능력이 떨어지는 것이다. 이는 단어 읽기와 음악 활동이 같은 뇌 회로를 일부 공유하고 있기 때문이다.

따라서 난독증 아이에게는 동요가 도움을 줄 수 있다. 동요를 부르려면 목소리·타이밍·음질을 잘 조화시킬 수 있어야만 하는데, 이때 두뇌에서 소리 정보에 대한 정확한 인지 능력이 발달되어 음운인식 능력도 좋아지는 것이다.

게다가 동요 부르기는 아이들에게 매우 재미있는 놀이로, 아이가 이완된 상태에서 음의 변화를 듣고 노래하기 때문에 소리 패턴을 인지하고 그것을 상징으로 지도화하는 읽기 기술이 향상된다. 또한 동요를 부르면 단어가 음악으로 과장되고 길어지기 때문에 음절을 듣기 쉽다. 결국 동요 부르기는 말소리의 청각적 차이를 구분하게 해주어 아이가 읽기를 배우는 데 꼭 필요한 음운인식 습득에 도움을 준다.

동요의 효능은 이뿐만이 아니다. 4차 산업혁명 시대에 인공지능 및 로봇과 더불어 살려면 정서 지능이 중요한데, 동요는 아이의 정서 지능을 높이는 데에도 효과적이다. 『하루 5분 동요의 힘』 에서 나는 동요가 정서 지능에 미치는 영향력을 고스란히 느낄 수 있었다. 아이들은 친숙한 노래를 따라 부르고 박자에 맞춰 박수를 친다. 멜로디를 흥얼거리며 흥분을 가라앉히고 긴장을 풀기도 한다. 콧노래를 부르거나 작은 소리로 노래하면서 감정과 활동 수준을 스스로 조절한다.

아이는 4세만 되어도 자신의 목소리를 이용하여 말놀이를 하거나 즉흥적으로 짧고 반복적인 흥얼거림을 한다. 간단한 노래를 듣고 따라 부를 수 있으며, 단순하게 반복되는 리듬·가락·노랫말로 이루어진 노래를 자발적으로 부른다. 아이들은 이야기가 있는 동요, 자신과 관련된 동요, 친숙한 일상생활 경험을 다루고 있는 동요, 손유희가 있는 동요 등을 즐길 것이다.

아이는 좀 더 자라서 음역과 리듬, 음의 고저를 더욱 정확히 사용하여 보다 안정감 있는 음정으로 노래를 부르고, 자신이 흥미를 갖는 내용이나 느낌에 대해 선율과 리듬을 변화시킬 수 있게 된다. 노랫말이나 곡의 분위기를 충분히 느낄 수 있으며, 이것이 공감력이나 감정 조절 등 정서 지능을 높여줄 것이다.

안타깝게도 요즘 아이들은 그림책을 잘 읽지 않는다. 스마트폰과 같은 디지털 미디어에 빠져서 언어 발달이 지체되고 읽기 능력도 떨어지고 있다. 더구나 부모와 상호작용하는 시간도 줄어들어 부모와의 애착 형성과 정서 지능 발달에도 나쁜 영향을 주고 있다. 디지털 미디어가 우리를 지배하는 작금의 상황에 동요는 새로운 대안이 될 수 있다. 아이의 음운인식 능력을 높여 언어 발달을 돕고 아이의 공감력과 감정 조절력을 키워 정서 지능을 높일 수 있는 중요한 대안 말이다.

이 책은 동요가 어떻게 우리 아이들의 언어·두뇌·정서 발달에 좋은 영향을 미치는지 객관적으로 설명할 뿐 아니라 실용적인 솔루션도 제공하고 있다. 아이를 키우는 부모라면 이 책을 옆에 가까이 두고 실천하길 권한다.

김영훈
가톨릭대학교 의정부성모병원 소아청소년과 교수

> 들어가며

동요의 힘을 믿어보세요

저는 동화 작가이자 동요 작사가입니다. 제가 동요 노랫말을 만든다고 하면 주위에서 가끔 이런 말을 합니다. "요즘 누가 동요를 부른다고 동요 노랫말을 만들어요?"라고요.

한편 저는 어린이집 보육 교사이기도 합니다. 매일 아이들과 함께 생활하지요. 특히 0세부터 4세까지 아이들을 주로 돌봅니다.

아이들은 참으로 놀라운 존재입니다. 아이들과 온종일 함께하다 보면 아이들이 온몸으로 표현하는 언어와 표정, 행동 하나하나에 감동하게 됩니다. 내 아이 한 명을 키우는 엄마였을 때는 매일의 육아 현실에 급급해 미처 알지 못했지만, 보육 교사가 되어 수많은 아이들을 돌보면서 아이 한 명 한 명이 품고 있는 자신만의 소중하고 아름다운 우주를 볼 수 있게 되었습니다.

아이는 태어나면서부터 저마다 특별한 개성이 있습니다. 부모의 역할은 아이가 자신만의 개성을 살릴 수 있도록 온 힘을 다해 돕는 것이어야만 한다고 생각합니다. 아이를 위한 배려와 존중은 아이는 물론이고 부모를 비롯해 우리가 살아가는 이 사회도 성장시킨다는 것을 매일 체감하면서 말입니다. 그렇기에 저는 아이들이 즐겨 부르게 될 동요 노랫말을 만드는 일에 언제나 책임과 긍지를 느낍니다.

아이를 키우는 부모라면 동요에 굉장히 익숙하실 겁니다. 아이들을 위한 노래라는 것을 제외하고 동요에 대해 얼마나 알고 계신가요?

동요는 아주 오래전부터 아이들이 부르는 노래였습니다. 우리나라에서 창작 동요가 만들어진 시기는 일제강점기인 1920년대부터입니다. '푸른 하늘 은하수'라는 가사로 시작하는 동요를 기억하시나요? 모두가 한 번쯤은 들어보았을 이 동요는 윤극영 작사·작곡의 〈반달〉입니다.

동요에는 오랜 시간 구전되어 내려오는 전래 동요, 창작자가 어린이를 위해 만든 창작 동요, 국악 멜로디를 기반으로 한 국악 동요가 있습니다. 최근에는 각종 유튜브 영상을 통해서 영유아가 듣고 부르기 좋은 다양한 동요를 선보이고 있습니다.

〈꼭꼭 숨어라〉와 같은 전래 동요는 아이들 눈높이에 맞춘 재미있는 말이 많고, 반복적인 표현과 리듬으로 구성되어 있어서 외우기 쉽고 따라 부르기에도 좋습니다.

창작 동요는 어린이의 생활과 감정, 자연의 아름다움을 표현하는 시에 멜로디를 입혀서 노래로 만든 것으로 완성도 높은 하나의 예술 작품입니다. 따라서 다양한 창작 동요를 듣는 것은 예술 작품을 감상하는 것과 같은 효과가 있지요.

국악 동요는 국악으로 만든 창작 동요로, 우리나라 전통 리듬과 악기 소리를 들어볼 수 있는 좋은 방법입니다. 장구, 해금, 가야금과 같은 전통 악기가 내는 소리를 노래와 함께 들으면서 아이들은 옛날부터 전해져 내려오는 고유한 음색을 감상할 수 있습니다.

마지막으로 유튜브로 볼 수 있는 동요는 영유아의 생활 습관 개선이나 인성 교육과 같은 다양한 교육적 효과를 주기 위해 만들어지는 경우가 많습니다.

어떠신가요? 단순히 '아이들의 노래'로만 알고 있던 동요에 참 다양한 목적과 분류가 있지요? 이렇게 다양한 가치에도 불구하고 한 가지 안타까운 점은 요즘은 초등학생만 되어도 동요를 잘 부르지 않는다는 것입니다. TV 속 아이돌 노래를 더 즐겨 부르지요. 게다가 최근에는 트로트가 대유행입니다. 그러다 보니 트로트를 즐겨 부르는 아이도 참 많습니다.

트로트는 중장년층이 인생을 살면서 겪어온 삶의 슬픔, 분노, 기쁨 등을 노래로 풀어내는 음악입니다. 어린이가 트로트를 부르지 말라는 법은 없지만, 이제 막 세상을 알아가는 아이들에게 잘 맞는 음악이라고는 할 수 없지요.

이제 동요를 가장 많이 듣고 부르는 연령대는 초등학교에 입학하기 이전의 영유아들이 되었습니다. 동요를 즐기는 아이들의 연령대가 많이 낮아지고 동요를 부르는 아이들도 많이 줄었죠. 그런데도 왜 동요 노랫말을 만드냐고요?

그것은 바로 동요가 가진 선한 힘 때문입니다. 동요는 희망을 노래합니다. 아이들의 순수한 마음을 대변하지요. 동요가 지닌 희망과 순수함은 소외된 아이들을 교육과 사회 속에 연결하고 성장하게 만들어줄 수 있습니다. 저는 이것을 동요가 가진 선한 영향력이라고 생각합니다.

이 책은 동요 노랫말을 만드는 작사가이자 아이들을 매일 만나고 돌봐온 보육 교사로서 동요를 통해 어떻게 아이들을 크고 넓게 성장시킬 수 있을지 고민하고 방법을 찾아왔던 그동안의 경험이 담겨 있습니다.

아이들은 동요를 들으며 아름답고 다양한 언어를 풍부하게 접할 수 있습니다. 동요를 부르며 언어력·표현력이 높아지는 것은 물론입니다. 게다가 부모들은 동요라는 매개체를 통해서 아이와 소통하기가 쉬워집니다.

'동요 자극'은 아이의 언어와 감성을 발달시키고, '동요 놀이'는 아이가 재미있고 자연스럽게 세상을 배워나갈 수 있도록 돕는 것이지요.

주위를 조금만 둘러보면 동요를 육아에 적극적으로 활용해 아이의 자존감, 이해력, 공감력, 상상력 등의 핵심 역량을 키워준 사례가 굉장히 많습니다. 미처 깨닫지 못했을 뿐이지요. 동요의 긍정적인 힘을 믿고 하루 5분만 아이와 함께 동요를 듣고 불러보세요.

저는 아이가 유년기를 좋은 추억으로 가득 채우고 행복을 느끼며 즐길 수 있길 바라는 부모들을 위해 글을 썼습니다. 다만 한 가지 당부하고 싶은 점은 아이가 어떤 동요를 듣고 따라 부를 것인가는 결국 아이의 취향에 많은 영향을 받는다는 겁니다. 동요는 영재를 만들기 위한 학습 교재가 아니기에 부모의 강요가 있어서는 안 됩니다. 아이의 발달 단계를 고려하되 취향을 잘 관찰하면서 부모와 아이가 함께 즐기고 아름다운 추억을 쌓을 수 있기를 바랍니다.

한 명의 아이를 키우기 위해서는 온 마을의 힘이 필요하다고 하지요. 아이를 낳고 기르는 육아의 망망대해를 항해하는 부모들이 좀 더 수월하게 길을 찾길 바랍니다. 이 책이 여러분들에게 등대가 되기를 바랄 뿐입니다.

2021년 2월
김현정

차례

추천사 동요, 육아의 대안이 되다	005
들어가며 동요의 힘을 믿어보세요	009

CHAPTER 1 0~6세, 왜 동요를 들어야 할까?

아이들을 위한 저자극 콘텐츠가 필요해요	019
아이의 감성이 발달해요	024
동요를 따라 부르며 세상을 체험해요	031
예민하고 고집 센 아이도 동요를 좋아해요	037
독서와 글쓰기의 기초 체력을 길러줘요	042
아이의 청각 자극에 도움이 돼요	051

CHAPTER 2 내 아이에게 딱 맞는 연령별 동요 놀이

들어가기에 앞서	우리 아이에게 딱 맞는 동요는 무엇일까요?	062
0~12개월(0세)	옹알이 단계	065
12~24개월(1~2세)	말문이 트이기 시작하는 단계	075
24~36개월(2~3세)	말문이 트인 단계	087
36~48개월(3~4세)	말로 대화가 가능한 단계	099
48~60개월(4~5세)	대화가 자연스러운 단계	111
60개월 이상(5~6세)	읽기와 쓰기가 가능한 단계	125

CHAPTER 3 동요 자극으로 성장하는 우리 아이

언어 자극	말 주머니를 채워주기	141
애착 형성	엄마와 떨어지지 않으려는 아이에게 마음의 안정 찾아주기	151
자존감	자존감 높여주기	158
소통력	건강한 또래 관계 형성하기	165
공감력	나와 타인의 감정을 이해하기	173
발성 능력	또박또박 자신감 있는 목소리 만들기	181
듣기 능력	경청하는 방법 알려주기	187
리더십	의사를 정확하게 표현하기	192

CHAPTER 4 부모가 마주치는 질문들

Q&A	예민한 아이에게는 어떤 동요를 들려줘야 할까요?	203
Q&A	동요에 관심이 없고 금방 지루해한다면 어떻게 들려줘야 할까요?	208
Q&A	영어 동요를 들려줘도 될까요?	212
Q&A	동요를 꼭 직접 불러줘야 하나요?	215
Q&A	특정 동요만 반복해서 듣는 아이, 괜찮은가요?	218
Q&A	하루에 얼마나 들려줘야 할까요?	221

부록 연령별·주제별 추천 동요   223

Chapter 1

0~6세, 왜 동요를 들어야 할까?

아이들을 위한
저자극 콘텐츠가 필요해요

올해 네 살이 된 호영이는 유튜브를 보여주지 않으면 밥을 먹지 않습니다. 입을 꾹 다물고 한 숟가락도 먹으려 하지 않죠. 호영이 부모님이 평소에 영상을 자주 보여줬던 건 아닙니다. 외식을 하거나 외출했을 때 호영이가 울거나 떼를 쓰면 임시방편으로 보여줬는데, 이제는 집에서도 꼭 보려고 합니다.

호영이가 마음에 드는 영상을 직접 고르기 시작하면서 부모님의 걱정은 더욱 늘었습니다. 점점 화려하고 빠르게 전환되는 강한 자극의 영상만 찾고 있지요. 마음에 들지 않는 영상을 틀어주면 소리를 지르면서 다음 화면으로 넘기라고 합니다.

음악도 마찬가지입니다. 처음에 호영이 부모님은 아이 두뇌 발달에 좋다는 클래식, 동요 위주로 들려줬는데 유치원에서 또래 친구와 놀더니 점점 애니메이션 주제가, 아이돌 가수가 부르는 대중가요 등만 듣고 싶어 합니다.

어느 날 호영이 엄마는 호영이가 생전 처음 '양아치'란 단어를 말해서 깜짝 놀랐습니다. 알려준 적도 없고, 유치원에서 쓸 만한 말도 아니었지요. 알고 보니 또래 친구와 함께 봤던 영상에서 나온 단어라고 합니다.

요즘 호영이 엄마의 고민은 호영이에게 보여줄 만한 건강한 콘텐츠를 찾는 일입니다. 영상을 아예 못 보게 하는 엄격한 훈육은 아무래도 힘드니 차라리 일정하게 시간을 정해두고 교육적인 내용의 영상을 보여주면 그나마 괜찮겠지 싶은 마음입니다.

어떠신가요. 굉장히 공감 가는 사례이지요? 지금의 아이들은 태어나면서부터 디지털 기기가 없는 삶을 경험해보지 못한 '디지털 네이티브' 세대입니다. 언제 어디서나 영상 콘텐츠를 접할 수 있기에 요즘 부모들의 가장 큰 고민은 바로 자극적이고 유해한 콘텐츠에 우리 아이가 노출될지도 모른다는 것입니다.

영유아 자녀를 키우는 부모라면 아이를 위해 이유식을 만들어본 경험이 있을 겁니다. 초보 엄마들은 내 아이에게 어떤 음식으로 이유식을 시작할지 고민하고 여러 가지 방법으로 정보를 모아서 이유식을 준비합니다. 그리고 신선한 재료로 영양 만점의 이유식을 만들지요.

그렇게 만든 이유식의 간을 보면서 '아, 내 입맛에 딱 맞게 간이 되었네'라고 하지는 않을 겁니다. 영유아들은 아직 소화기관이 발달하지 않아서 볶음밥이라 할지라도 '저염 볶음밥'을, 깍두기라 할지라도 '저염 깍두기'를 먹습니다. 특별히 저염·저당으로 조리된 음식을 선호하는 사람이 아니라면, 영유아들이 먹는 음식을 먹으면서 맛있다고 느끼지는 않겠죠.

소화기관이 아직 덜 발달했다는 이유 말고도 영유아나 어린이가 저염·저당 식단의 음식을 먹어야 하는 이유는 바로 편식 예방 때문입니다. 인간은 본능적으로 단맛, 짠맛에 끌립니다. 이런 자극적인 맛은 중독성이 있어 일단 익숙해지면 점점 더 강한 자극을 찾게 되지요. 그래서 자극적인 음식을 많이 섭취하게 되면 채소와 과일 같은 비타민과 무기질이 풍부한 자연식품을 먹지 않으려고 합니다.

지나친 단맛과 짠맛의 섭취는 결과적으로 비만을 유발하고 편식 습관으로 이어져 건강에 문제를 일으킬 수 있습니다. 실제 어린이집이나 유치원에서 가장 신경 쓰는 것 중 하나가 먹거리입니다. 아이의 성장 단계에 맞는 건강한 음식을 제공하기 위해 최선을 다하고 있지요.

이것은 비단 음식에만 국한된 이야기가 아닙니다. 자극이란 오감을 넘어 생활 전반에서 느낄 수 있는 것이니까요. 앞서 호영이의 사례도 마찬가지입니다. 한번 자극적인 영상에 맛을 본 아이는 계속 그런 자극적인 콘텐츠만 찾게 됩니다.

아이가 아이답게 자랄 수 있도록 ♪

아이에게 건강하고 올바른 식습관을 키워주기 위하여 저염·저당 음식이 존재하는 것처럼 음악에도 자극적이지 않으면서 풍부한 영양이 담겨 있는 장르가 있습니다. 바로 동요입니다.

동요는 기본적으로 어린이를 위해 만들어진 노래입니다. 아이들이 쉽게 부를 수 있는 음역대 내에서 작곡하고, 노랫말 역시도 아름다운 자연환경이나 어린이들의 꿈과 희망 등 긍정적이고 밝은 주제로 만듭니다. 대중가요처럼 음역이 넓게 쓰이지 않고, 리듬도 단순하고 반복적인 경우가 많죠.

> 푸른 하늘 은하수 하얀 쪽배에
> 계수나무 한 나무 토끼 한 마리
> 돛대도 아니 달고 삿대도 없이
> 가기도 잘도 간다 서쪽 나라로
>
> 〈반달〉(윤극영 작사·작곡) 중에서

이 동요를 기억하시나요? 어릴 시절 작은 손을 맞잡고 쎄쎄쎄를 하면서 많이 부르고 들었던 바로 그 동요입니다.

동요 작사가는 〈반달〉에서 볼 수 있듯이 서정적이고 아름다운, 따뜻하고 행복한 언어로 노랫말을 표현하려고 노력합니다. 세상의 단맛·쓴맛이 모두 깃든 대중가요를 어린이가 맛보게 되면 그로 인해 음악적 편식과 영향 불균형을 초래할 수 있기 때문에, 이제 막 세상을 알아가는 아이들에게 저염·저당의 동요를 먼저 맛보게 하려는 것입니다.

지금은 유튜브, TV, 인터넷 등 다양한 매체를 통해 자극적인 콘텐츠가 넘쳐나는 세상입니다. 하여 아이들에게 무엇을 보여주고 들려주어야 할지 부모님들의 고민이 크지요. 모든 것을 스펀지처럼 흡수하고 세상을 배워나가는 아이들에게는 아이 눈높이에 맞는 건강하고 영양가 있는 콘텐츠를 접할 수 있는 환경을 마련해주어야 한답니다.

아이의 감성이 발달해요

'지금은 감성이 경쟁력이다'라는 말을 심심치 않게 듣습니다. 제4차 산업혁명 시대의 화두로 감성이 떠오르면서 전 세계 연구자들 또한 인간의 감성을 연구하고 있습니다.

계명대학교 박인우 교수에 따르면, 1990년 예일대학교의 피터 샐러베이(Peter Salovey) 교수와 뉴햄프셔대학교의 존 메이어(John Mayer) 교수가 자신과 타인의 감정을 이해하고 정서를 조절할 수 있는 능력을 연구하기 위해 '감성 지수'라는 개념을 이론화하여 발표하였습니다. 그 후 1995년 "감성이 이성보다 중요하다"라는 메시지로 《타임》에 정서 지능(Emotional Intelligence)이 특집으로 다루어지면서 인간 심리와 행동의 근간으로 이성뿐만 아니라 감성에 관한 관심도 커지게 되었습니다.

그렇다면 정서 지능, 혹은 감성 지능이라고 불리는 이 능력이 왜 중요한 것일까요?

이 질문에 답을 찾기 위해 먼저 정서 지능의 개념부터 알아보겠습니다. 인지적으로 얼마나 똑똑한가를 표현하는 지능 지수인 IQ에 대조되는 개념으로 등장한 EQ는 정서 지능을 점수화한 정서 지능 지수(Emotional Intelligence Quotient)를 나타냅니다.

정서 지능이 소개된 초창기에는 많은 사람들이 EQ가 높은 사람은 감성적이고 감정적으로 예민한 사람으로 오해하기도 했습니다. 그러나 이는 정서 지능의 원래 의미를 상당히 왜곡하거나 축소한 것으로 정서 지능은 정서를 얼마나 똑똑하게 잘 다루는가에 관련한 능력입니다.* 즉, 지능 지수(IQ)가 머리가 얼마나 똑똑한가에 관한 것이라면 정서 지능(EQ)은 마음이 얼마나 똑똑한가를 보여주는 것으로 이해할 수 있습니다.

그렇다면 마음이 똑똑한 사람은 어떤 사람일까요? 첫째, 자신의 기분을 알아차릴 줄 압니다. 어떤 상황에서도 자기 기분을 알아차리고 이를 인정하고 스스로 이해할 수 있습니다. 둘째, 충동을 자제할 줄 압니다. 불안이나 분노 같은 스트레스의 원인이 되

---

* 세종사이버대학교 상담심리학과 곽윤정 교수의 칼럼 「정서 지능의 의미와 중요성」(《행복한교육》, 2015년 4월 호)의 내용 참조.

는 감정을 조절할 수 있습니다. 셋째, 쉽게 좌절하지 않습니다. 목표 달성에 실패했을 때도 실망하지 않고 자기 자신을 격려할 수 있습니다. 넷째, 타인과 협력할 줄 압니다. 집단 내에서 조화를 유지하고 다른 사람들과 서로 협력할 수 있습니다.

앞서 살펴본 첫 번째에서 세 번째까지의 능력은 자신을 통제하는 능력이고, 네 번째는 타인과의 관계에서 공감력, 소통력, 리더십까지 이끌어내는 능력이라 할 수 있습니다. 그렇다면 실제로 정서 지능이 높은 사람은 일상생활에서 자신을 비롯한 타인의 감정과 정서를 어떻게 표현하고 통제할 수 있을까요?

자신과 타인의 감정을 다루는 방법

"교수님 다 준비됐어요."
간호사가 장기기증 환자의 심장 적출을 위해 기다리고 있는 의사에게 말했다.
"심장 적출을 10분만 미뤄도 될까요?"
의사는 간호사의 말을 듣고 일어나 시간을 본 후 수술대 앞에서 기다리는 다른 의사들에게 부탁했다. 그러자 이틀 밤낮을 장기기증을 받기 위해 기다리던 의사 중 한 명이 마지못해 그러겠다고 대답했다.

"그러면 11시 50분이니까, 10분만 있다가 12시에 시작합시다."

의사는 다행이라는 표정으로 대답했다. 그런데 얼굴에 피곤한 표정이 역력한 다른 의사가 불만을 터트렸다.

"그냥 지금 하면 안 될까요?"

의사는 담담한 얼굴로 다시 입을 열었다.

"오늘이 어린이날이라 그래요. 이분 아들이 다섯 살인데, 이름은 원준이고, 오늘 어린이날이라 아빠랑 짜장면 먹기로 했어요. 그런데 원준이는 앞으로 평생 못 하게 됐어요, 그거. 우리 딱 10분만 기다려요. 딱 10분 있다가 시작해요. 애가 매년 어린이날마다 돌아가신 아빠 때문에 울면서 보낼 순 없잖아요."

이틀 밤을 지새워 지친 다른 의사들에게 부탁하는 말이었다.

결국 환자는 5월 6일에 장기를 기증하고 사망했다.

드라마 〈슬기로운 의사생활〉 속 한 장면입니다. 주인공인 한 의사는 장기기증을 받고자 이틀 밤낮을 지새워 지친 동료 의사와 아빠를 잃어버린 다섯 살 아들의 마음을 모두 헤아립니다. 자신만의 감성을 발휘해 양측 모두를 위한 합의를 끌어냅니다.

이렇듯 정서 지능은 사람이 살아가면서 생기는 문제를 지혜롭게 해결하는 데 무엇보다 중요한 요인입니다. 인간 정서와 관련된 문제를 해결하는 핵심은 원활한 소통이기에 결국 정서 지능은 소통의 문제와 연결될 수 있습니다.

특히 또래들과의 생활이 시작되는 2~6세 시기에는 자신의 감정을 조절하는 법과 적절한 말과 행동으로 감정을 표현하는 법을 배우며 정서 지능을 키우는 것이 중요합니다. 정서 지능을 높이기 위한 첫걸음은 바로 감성 교육입니다. 결국 영유아 시기의 다양한 감성 교육은 선택이 아닌 필수가 되고 있지요.

동요로 감성을 개발하다

동요는 아이가 느끼는 감정과 마음을 소재로 만든 노래입니다. 즉 아이의 감성을 음악적 언어를 통해 드러낸 것이지요. 아이는 리듬이나 운율이 있는 말의 표현을 좋아합니다. 리듬감 있는 박자, 희로애락을 표현한 멜로디에서 기쁨, 슬픔, 그리움, 연민의 감정을 느끼고 그것을 직접 따라 불러보면서 더 크게 공감하게 됩니다.

음악이 아이들의 두뇌 발달은 물론 감성 계발에도 도움이 된다는 사실은 많은 연구를 통해 밝혀졌습니다. 가톨릭의대 김영훈 교수는 『4~7세 창의력 육아의 힘』을 통해 어릴 때 좋은 음악, 다양한 음악을 듣게 되면 뇌신경망이 섬세해지고 뇌 발달이 급격하게 이루어진다고 말합니다. 뇌 발달에 좋다고 알려진 클래식뿐만 아니라 동요나 전통 가락도 리듬과 선율, 박자가 단순하고 지속적으로 반복되기에 좋은 자극이 될 수 있지요.

그중에서도 특히 동요 부르기는 언어 능력을 담당하는 좌뇌와 창의성과 상상력을 담당하는 우뇌를 동시에 쓰는 방법이므로 감성 계발에 더욱 적합합니다.

동요가 아이들에게 감성적으로 어떤 영향을 미칠 수 있는지 다음의 예시를 통해 구체적으로 알아보겠습니다.

> 똑똑 또독 빗방울 리듬 나와 함께 즐거운데
> 랄랄랄랄 내 곁에 와서 노래하는 고운 소리
> 가만가만 귀 기울여 누구일까 둘러보니
> 나를 보고 싱긋 웃는 우산 속 요정
>
> 〈우산 속의 요정〉(김남산 작사·작곡) 중에서

동요 〈우산 속의 요정〉은 비 오는 날의 신나고 들뜨는 마음을 잘 표현한 노래입니다. 실제로 아이들은 비가 오는 날을 좋아합니다. 우산 아래로 뚝뚝 떨어지는 빗소리를 들으며 빗물이 괸 땅을 첨벙첨벙 걷는 아이들의 얼굴은 세상을 다 가진 듯 즐거워 보입니다. 이때 옆에 선 부모가 잡아준 따뜻한 손과 마음을 적시며 들려오는 노랫소리는 유아들에게 정서적 안정감을 주고 행복한 경험을 선물합니다.

> 에헤야 디야 바람 분다 연을 날려 보자
> 에헤야 디야 잘도 난다 저 하늘 높이 난다
> 무지개 옷을 입고 저 하늘에 꼬리를 흔들며
> 모두 다 어울려서 친구 된다 두둥실 춤을 춘다
>
> 〈연날리기〉(권연순 작사, 한수성 작곡) 중에서

동요 〈연날리기〉는 겨울이면 바닷가에서 아이들과 연을 날리던 모습을 떠올리게 합니다. 여러 가지 모양의 꼬리를 매단 채 하늘 높이 나는 연을 보며 아이들은 서로 자기 연이 더 높이 난다고 자랑하면서 즐거워하지요. 〈연날리기〉에서는 하늘을 나는 연이 모두 다 어울려서 친구가 되고 두둥실 춤을 춘다고 표현합니다. 노래를 통해 아이들에게 우정에 대해 일깨워주는 감성이 잘 살아있는 동요입니다.

어떠신가요. 참 아름다운 동요가 많지요? 동요를 듣고 부르면서 아이와 함께 부모님의 감성도 충만해지길 바랍니다.

동요를 따라 부르며
세상을 체험해요

　아직 말을 잘하지 못하는 아이가 흥얼흥얼 동요 부르는 걸 들어본 적이 있나요? 아이들에게 동요를 들려주면 무슨 뜻인지는 잘 모르더라도 신나게 따라 부르지요.

　아이들이 다른 어떤 음악보다 동요를 좋아하는 이유는 무엇일까요? 그것은 동요의 노랫말이 아이들의 관심을 끄는 주제를 바탕으로 발음하기 쉽게 만들어졌기 때문입니다. 또 각양각색의 동물과 사물, 행동 등이 '꿀꿀', '부릉부릉', '흔들흔들'과 같은 풍부한 언어의 형태로 바뀌어 아이들의 마음을 자극하기 때문이기도 합니다.

　앞서 설명한 대로 동요의 멜로디 역시 아이들이 좋아하는 반복적 리듬을 가지고 있어서 언어의 맛을 한층 더 다채롭게 만들어주기도 하고요.

아이들은 자신이 좋아하는 동요를 듣고 따라 부르면서 자연스럽게 듣기와 말하기 연습을 할 수 있습니다. 즉 동요는 영유아나 어린이의 언어 발달을 촉진하는 '자극'이 됩니다. 실제로 외국 이민 가정의 자녀들이 한국어를 배우는 방법으로 동요 부르기를 많이 선택하고 있지요.

이와 더불어 동요는 아이들에게 새로운 언어와 세상을 간접 경험할 수 있도록 도와줍니다. 아이들이 정제된 언어로 스스로의 감정과 생각을 표현하는 체험도 할 수 있고요.

> 우리 아기 불고 노는 하모니카는
> 옥수수를 가지고서 만들었어요
> 옥수수 알 길게 두 줄 남겨가지고
> 우리 아기 하모니카 불고 있어요
> 도레미파솔라시도 소리가 안 나
> 도미솔도 도솔미도 말로 하지요
>
> 〈옥수수 하모니카〉(윤석중 작사, 홍난파 작곡) 중에서

사랑스러운 아기가 옥수수를 손에 쥐고 맛있게 먹고 있습니다. 다 먹은 옥수수는 맛있는 간식에서 새로운 장난감으로 변신

합니다. 바로 하모니카이지요. 아기는 옥수수 하모니카를 입에 물고 도레미파솔라시도를 연주하지만, 진짜 악기가 아니라서 소리가 나지 않는다는 걸 알게 됩니다. 그래서 말로 연주를 대신한다는 이야기랍니다.

이 동요는 윤석중 작사·홍난파 작곡의 〈옥수수 하모니카〉입니다. 이 곡은 생활 습관을 노래로 알려주는 〈사과? 사과!〉와는 약간 색깔이 다릅니다. 일상에서 흔하게 먹는 간식인 옥수수를 소재로 영유아가 부르기 쉬운 음역대와 길이감으로 작곡되었다는 측면에서는 비슷하지만, 아이의 눈높이에서 아이가 보는 세계를 노래했다는 점에서 다르지요.

다시 말해 유튜브에서도 쉽게 접할 수 있는 '생활습관송'이 훈육이라는 교육적 목표로 만들어졌다면, 〈옥수수 하모니카〉는 아이의 마음을 노래한 순수 창작 동요라고 할 수 있어요. 이런 장르의 동요 역시도 아이에게 새로운 언어를 만나게 해주는 다리 역할을 합니다. 하모니카, 옥수수, 도레미파솔라시도처럼 말이지요. 아이들은 마치 그림책을 읽듯 이야기를 만납니다.

우리나라에서는 1920년대 이후부터 수많은 창작 동요가 만들어져서 지금까지 매년 발표되고 있습니다. 그리고 최근에는 유튜브를 통해 영상과 결합된 다양한 형식의 동요가 나오고 있지요. 따라서 순수 창작 동요와 유튜브 동요를 자녀의 나이와 취향에 맞게 부모가 지속해서 들려주면, 발음하기 쉽고 생활과 직접 관련된 어휘들이 아이의 '말 주머니' 속에 차곡차곡 쌓이게 됩니다.

그렇게 채워진 말 주머니가 커지고 묵직해질 때 비로소 아이는 자기표현을 위해 말 주머니 속에서 언어를 하나씩 꺼내 쓸 수 있습니다. 언어 의사소통이 서툴더라도 부모가 칭찬해주면 영유아는 더욱더 자신감을 가지고 말 주머니를 채우며 쉽고 빠르게 언어 성장을 해나갈 겁니다.

**다문화 가정에서
동요 활용하기**

동요는 다문화 가정의 아이들에게도 큰 도움이 된다. 모국어든 외국어든 해당 언어를 배우려는 사람은 해당 언어의 단어, 즉 어휘를 먼저 익혀야만 한다.

영유아 대부분이 가장 먼저 말하는 어휘는 '엄마'이다. 시간이 지나면서 아빠, 형 등을 지칭하는 가족 호칭 그리고 좋아하는 음식이나 음료 등과 같은 순으로 아이 나름의 필요에 따라 각종 명사, 형용사, 동사 등을 배워나간다. 아이는 자신이 아는 어휘량이 늘어날수록 다양한 표현의 문장을 만들어낸다.

그런데 아시아공동체학교 이철호 교장에 따르면 다문화 가정 아이들의 상황은 조금 다르다. 말을 배우는 가장 중요한 시기인 유아기에 한국말이 서투른 어머니의 교육하에 성장한다는 것이다. 실제 다문화 가정 아이들의 언어 사용 능력을 조사해보면 다른 과목에 비해 국어 과목에 어려움을 겪고 있으며, 특히 일기 쓰기와 독후감 쓰기 등이 취약하고 문장 이해력이 일반 가정의 아이들보다 떨어지거나 맞춤법이 정확하지 않다는 점이 발견된다. 또한 유아기에는 언어 발달이 늦어지고 의사소통의 제한을 받는다는 조사 결과도 있었다.*

교육에 대해서 높은 관심과 열의를 가지고 있음에도 이주 여성 어머니들은 자신의 언어 능력이 가지는 한계 때문에 자녀들에게 한국어를 효과적으로 가르치지 못하고 있다.

동요는 이주 여성 어머니들의 한국어 교육에 대한 높은 관심과 언어 교육의 한계성에서 오는 간극을 채우는 데 도움이 된다. 예를 들어 영유아가 동요 <곰 세 마리>를 듣고 즐겨 부른다면 가족 구성원의 명칭, 즉 아빠, 엄마, 아기라는 어휘를 배우게 된다. 이어 '뚱뚱하다, 날씬하다, 귀엽다'라는 사물의 상태를 표현하는 형용사도 자연스럽게 알게 된다.

곰 세 마리가 한집에 있어
아빠 곰 엄마 곰 아기 곰
아빠 곰은 뚱뚱해
엄마 곰은 날씬해
아기 곰은 너무 귀여워

<곰 세 마리>(작사·작곡 미상) 중에서

노랫말을 통해 알게 된 어휘들을 그림책이나 사물의 실제 모습과 비교하여 오감으로 체험하는 경험을 쌓으면서 말 주머니의 기초를 마련할 수 있다.

* 이철호(2008). 「다문화 가정 자녀를 위한 언어교육」.《새국어생활》18권 1호.

예민하고 고집 센 아이도 동요를 좋아해요

　생후 35개월 지연이네의 아침은 굉장히 바쁩니다. 맞벌이 부부인 지연이 부모님은 출근 준비와 지연이의 어린이집 등원 준비로 정신이 없지요.
　지연이는 오늘 아침에도 심통이 났습니다. 엄마가 주는 밥도 싫고 옷도 싫어요. 지연이가 원하는 건 오로지 공주 드레스를 입고 어린이집에 가는 겁니다. 지연이 엄마는 속이 탑니다. 지연이가 입은 공주 드레스는 며칠째 입은 탓에 때가 꼬질꼬질합니다. 무엇보다도 오늘은 야외 활동이 있는 날이라서 바지를 입고 오라는 안내까지 받았기 때문이지요. 그런데도 지연이는 엄마 마음도 모른 채 공주 드레스만 고집합니다.

지연이 엄마는 출근 시간에도 쫓기고 제대로 훈육하기도 어려워 어쩔 수 없이 지연이의 고집을 들어줍니다. 그리고 따로 갈아입을 여벌의 옷을 챙겨 아이를 등원시킨 후 교사에게 사정을 설명하고 황급히 출근합니다.

이런 상황은 영유아기 발달 특성상 아주 흔합니다. 유아기가 시작되면 자기가 좋아하는 것이 확실해지며, 특히 옷이나 장식품 등에 관심을 가지고 자신의 취향을 드러내고 싶어 합니다.

그렇다면 부모는 계속해서 공주 드레스를 입겠다는 지연이의 고집을 들어주어야 할까요? 또한 고집을 부려서 자신의 뜻을 이룬 지연이는 앞으로 어떻게 행동하게 될까요?

안 되는 행동을 명확하게 정하기

영유아기 아이들이 자기주장을 내세우는 고집스런 행동을 하는 것은 자연스러운 발달 단계에 있다고 봅니다. 그러나 이러한 행동에는 긍정적인 면과 부정적인 면이 있지요.

긍정적인 면은 아이가 자기주장을 표현함으로써 자기와 타인을 구별하면서 독립적이고 자율적인 발달을 하고 있다는 점입니다. 부정적인 면은 때와 장소, 상황을 가리지 않고 자기주장을 표현함으로써 부모와 자식 간의 관계나 또래 관계에 갈등이 생긴다는 점이지요. 따라서 고집의 부정적인 면이 두드러지고 있다고 생각된다면 '고집의 한계'를 정해서 일관성 있는 훈육을 해야 합니다.

특히 안전과 질서를 무시하는 고집은 분명한 한계를 알려주고 아이의 행동을 올바르게 지도해주어야 합니다. 그러나 아이 자신을 비롯한 타인의 안전을 위협하지 않는 선에서의 고집은 한계를 낮게 정하여 아이의 주장을 받아주어도 됩니다.

예를 들어 장마철에 비가 와서 아이가 장화를 신고 어린이집에 갔는데, 하원을 할 때는 비가 그쳐 엄마가 샌들을 챙겨 갔다고 합시다. 그런데 아이는 더운 여름에 굳이 장화를 신겠다고 버팁니다.

이럴 때는 아이의 고집을 들어주어도 됩니다. 아이도 장화를 신고 집으로 돌아가고 싶은 그 나름의 이유가 있을 테니까요. 또한 장화를 신고 집으로 돌아가는 것은 아이 자신이나 다른 사람에게 아무런 해를 끼치지 않으니까요.

이럴 때는 부모가 다른 사람의 시선을 크게 신경 쓰지 말고 아이의 주장을 받아줌으로써 아이가 자신의 행동이나 생각이 존중받는다고 느낄 기회를 주는 것도 좋겠지요.

단호한 '안 돼!'보다 부드러운 동요 활용하기 🎵

앞서 지연이의 사례로 다시 돌아가 보겠습니다. 지연이 엄마가 일단 지연이의 고집을 들어주기로 했다면 그냥 아이의 주장을 인정해주면 됩니다. 특별히 위험한 고집이 아니니까요.

다만 "지연이는 오늘 이 드레스를 꼭 입고 가고 싶구나!"라고 지연이의 감정을 인정해주고, "그런데 이 드레스에는 냄새나는 세균이 많이 붙어 있어. 친구들이 싫어할 수도 있을 거야"라고 지연이 행동에 대한 결과를 미리 알려줍니다. 그리고 지연이가 집으로 돌아왔을 때, 오늘 지연이의 고집스런 행동의 결과에 대해 함께 이야기해보는 시간을 가지는 겁니다.

이쯤 되면 지연이도 야외 활동이 있는 날 드레스를 입는 것이 불편하다는 걸 몸소 느꼈을 테고, 엄마가 자신의 주장을 인정해주었다는 점을 생각하며 엄마를 신뢰하는 마음을 가질 것입니다.

아무리 좋게 이야기해도 아이가 들으려고 하지 않을 때는 동요를 활용하면 생각보다 쉽게 해결된답니다. 일명 '동요로 회유하기'입니다. 동요는 아이와 소통하는 가장 쉬운 방법이자 놀이이기 때문입니다. 노랫말을 통해 이야기를 들려주면 아이는 부모에게 혼나서 억지로 말을 듣는 것이 아니라 스스로 행동을 바꿀 마음이 생기게 되는 거죠.

지연이의 경우는 생활 습관을 잡아주는 동요 중에서 〈세균 고백송〉을 들려주면 어떨까요? 그러면 아이는 이 동요를 듣고 부르면서 자기 행동을 되짚어볼 기회를 가질 겁니다.

이 밖에도 아이가 고집을 부리는 상황은 많습니다. 제때 잠자기 싫다고 할 때는 잠자기 송, 양치질하기 싫다고 고집부리면 양치 송, 편식하고 밥 먹기 싫다고 고집부리면 식사 예절 송처럼 다양한 상황별 생활 습관이나 인성 교육을 주제로 한 동요가 많습니다.

아이의 성격이나 상황에 따라 차이는 있지만, 대체로 예민하고 고집을 부리는 아이는 내면적으로 불안감을 가진 경우가 많습니다. 이러한 성향을 지닌 아이에게 무조건 "안 돼!"라는 직접적이고 부정적인 피드백을 주기보다는 동요로 긍정적인 피드백을 주세요. 백 마디의 잔소리보다 동요 한 곡이 아이의 마음을 움직입니다.

독서와 글쓰기의
기초 체력을 길러줘요

우리는 왜 책을 읽는 걸까요? 이 질문에 답하기 위해서 책을 크게 문학과 비문학으로 나눠보겠습니다. 문학은 주로 시, 소설, 수필, 희곡으로 분류됩니다. 독자는 문학작품을 '감상'하기 위해 읽습니다. 문학작품 속 주인공을 통해 타인이 처한 상황과 그에 대처하는 방식을 보지요.

『마당을 나온 암탉』은 황선미 작가가 쓴 동화로 애니메이션으로도 제작되었습니다. 이 동화가 인기 있었던 이유는 아이들이 동화 속 주인공 잎싹이의 마음과 용기에 공감했기 때문입니다.

비문학 작품도 마찬가지입니다. 비문학은 논설문·설명문으로 분류되며 내용이 객관적이고 논리적인 성향을 띱니다. 『내가 조금 불편하면 세상은 초록이 돼요』와 같은 책이 그렇지요. 우리가 이런 책을 아이들에게 읽도록 하는 이유는 앞으로 다가올 미래를 이해하고, 비판적 사고를 할 수 있도록 도와주기 위함입니다.

다시 말해, 나 그리고 나를 둘러싼 현실 세계를 제대로 이해하고 대비할 때 우리는 안전하고 또 성장할 수 있기에 비문학 작품을 읽는 것입니다. 단순히 수능 문제를 푸는 데 도움을 얻거나 남들에게 해박한 지식을 자랑하기 위해서가 아닙니다.

저는 어린이집 교사이기도 하지만 오랜 시간 동화와 동요 노랫말을 써온 작가입니다. 제가 생각하는 책을 읽는 이유는 '소통과 공감'입니다. 동화나 노랫말 속 주인공을 통해 '아, 나만 이렇게 힘든 게 아닌가 보다', '이런 상황에 놓인 사람은 이런 말과 행동을 할 수도 있겠구나', '이 시대를 살아간 사람은 이런 생각과 행동을 했구나' 같은 생각을 독자와 나누고 싶은 겁니다.

"너는 부엉이 데몽이 왜 좋아?"
"사악해서요."

『날개 달린 고양이의 비밀』는 2020년에 제가 발표한 철학 동화입니다. 이 동화에서 부엉이 '데몽'은 다른 새들의 간절한 마음을 이용하여 이익을 챙깁니다. 이야기 속 데몽은 분명 악역인데, 이 동화를 읽은 초등학교 2학년 여자아이는 부엉이 데몽이 사악해서 좋다고 말했습니다. 이유를 물었더니 아이는 평소에 부모님이나 선생님에게서 '네가 착하니 참 예쁘다'라는 말을 많이 들었다고 했습니다. 그런 칭찬이 때로는 갑갑했기에, 강한 힘을 바탕으로 뭐든 자기 맘대로 하는 부엉이 마법사 '데몽'이 좋아 보이고 부러웠던 겁니다.

"너는 이야기 속 주인공 중 누가 가장 맘에 들어?"
"오색딱따구리 딱따요. 딱따를 보면 마치 내 모습을 보는 것 같아요. 저도 학교에서 바보스러운 행동을 많이 하거든요."

반면 같은 이야기를 읽은 5학년 남자아이는 오색딱따구리 '딱따'가 좋다고 했습니다. 그 이유는 딱따가 자기와 닮아 보여서라고 했지요.

같은 동화를 읽어도 독자는 자신의 성향과 가치관에 따라 동화 속 주인공을 다르게 해석하고 캐릭터를 통해 느끼는 감상도 다릅니다. 누구나 자신만의 감상이 있기에 한 권의 책을 100명이 읽는다면 100가지 감상이 나옵니다. 다만 모든 사람이 감상을 잘 표현할 수 있는 것은 아닙니다. 자신이 느낀 바를 유려하게 잘 표현하는 사람이 있는가 하면, 표현이 힘들고 어려운 사람도 있지요.

읽기와 쓰기가 어려운 아이들

"이 책을 읽고 느낌이 어땠는지 말해줄 수 있어?"
"참 좋았어요."
"정말 재미있었어요."
"흥미가 생겼어요."

초등학생들에게 동화책 읽은 감상을 물어보면 대체로 참 좋았다거나, 정말 재미있었다거나, 흥미가 생겼다는 등의 표현이 반복됩니다. 표현은 강하지만 구체적이지 않습니다. 서로 다른 책을 읽었는데도 감상에 대해 비슷한 표현들이 많기도 하고요.

아이들은 책을 읽으면서 각각의 경험과 감성에 따라 좋아하는 부분, 싫어하는 부분이 있고 그것을 받아들이는 마음도 제각각입니다. 그런데 밖으로 표현되는 말은 단순히 '재미있다' 혹은 '재미없다'로 압축됩니다.

이처럼 책을 읽고 난 후 감상 표현이 제대로 되지 않는 이유는 여러 가지가 있습니다. 마음속에 둥둥 떠다니는 생각과 느낌은 있는데, 어휘력과 표현력이 부족해 언어로 바꾸지 못하는 경우입니다. 또 글자를 읽을 수는 있으나 문맥을 이해하는 능력이 부족해 작가가 의도한 주제나 재미를 찾지 못하는 때도 있고요.

이렇게 생각을 말로 나타내기도 힘든데, 한발 더 나아가 주제를 주고 글을 쓰라고 하면 아이들은 정말 난감해합니다. 한번은 어린이 백일장 심사위원으로 참여한 적이 있었는데 당시 이런 모습을 보게 되었습니다.

백일장에 참가한 아이들은 정해진 시간 동안 시제에 맞게 혼자서 글을 써야 합니다. 백일장에서는 몇 가지 시제를 발표합니다. 그중에 '학원'이라는 시제도 있었습니다. 초등학교 1학년부터 6학년까지 다양한 연령층의 아이가 백일장에 참여했습니다. 아이들은 짧은 시간 내에 '학원'과 관련된 동시도 쓰고 생활문도 적었습니다.

생활문은 자신이 생활하면서 보고 듣고 느끼고 생각한 일을 이야기 형식으로 써야 합니다. 자신이 경험한 일상이 어떤 감동이나 의미를 주었는지를 표현하는 글이죠. 나아가 다른 사람에게도 감동과 의미를 줄 수 있다면 더욱더 좋습니다.

아이들은 시제가 나오자 열심히 글을 적어나갔습니다. 심사위원인 저도 아이들이 어떤 글을 쓸지 내심 궁금했습니다. 동화 작가인 저는 아이들 눈높이에서 생각하고 글을 써야 하지요. 솔직히 심사위원으로서보다 동화 작가로서 아이들의 생각과 글이 더 궁금했습니다.

유심히 살펴보니 아이들은 글쓰기를 정말 어려워하고 있었습니다. 사실 어린이 백일장에 참여하는 아이들은 독서량도 많고 글쓰기에도 관심이 많습니다. 그런데 정작 아이들이 완성한 글은 학원에서 겪은 일을 의미 없이 나열하거나 단순히 자기주장을 설명하는 방식으로 쓴 경우가 많았습니다.

아이들에게 글을 잘 쓴다고 말하는 기준은 매끈하고 화려한 문장과 표현으로 썼다는 것이 아닙니다. 특히 생활문은 표현이 조금 서툴고 거칠지라도 일상에서 느낀 자기감정을 솔직하게 글로써 옮길 수 있어야 합니다.

물론 작가 못지않게 글을 잘 쓰는 아이도 간혹 있습니다. 그러나 많은 아이가 이미 만들어지고 규격화된 글을 쓰거나 반대로 너무 단순한 글을 쓰고 있었습니다. 아이들은 일회적이고 단순한 것은 잘 쓰지만 더 깊이 있게 생각하여 글로 풀어야 하는 것은 굉장히 어려워했습니다.

그 후 저는 어린이집의 아이들을 보면서 생각이 많아졌습니다. 대부분의 아이들이 성장하면서 한글을 배울 것이고 독서를 하겠지만, 그것만으로 자연스럽게 글을 잘 쓰게 되지는 않을 것이기 때문입니다.

만약 부모가 영유아 때부터 아이들에게 읽고 쓰기에 바탕이 되는 양분을 줄 수 있다면 아이는 본격적으로 학업을 시작한 후 독서와 글쓰기 활동에 자신감을 가질 수 있을 겁니다. 그렇다면 아이들이 훗날 좀 더 잘 읽고, 어려움 없이 글을 쓰게 하기 위해 부모는 지금 무엇을 해줘야 할까요?

동요를 통해 독서의 기초 다지기 ♪

드라마나 영화에 배경음악이 없다면 시청자가 내용에 몰입하기 어려울 것입니다. 같은 맥락으로 영유아에게도 배경음악의 힘을 빌려서 새로운 어휘와 표현에 좀 더 집중하고 쉽게 배우게 할 수 있습니다.

영유아에게 음악적 요소 없이 동시나 그림책을 읽어주고 어휘를 익히게 하려면 많은 시간과 노력이 필요합니다. 그러나 동요를 들려주고 함께 부르면 영유아에게 놀이처럼 어휘를 익히게 만들 수 있습니다.

> 산토끼 토끼야
> 어디를 가느냐
> 깡충깡충 뛰면서
> 어디를 가느냐
>
> 〈산토끼〉(이일래 작사·작곡) 중에서

국민 동요인 〈산토끼〉는 실제 영유아들이 가장 쉽게 받아들이는 곡이기도 합니다. 이 곡은 한도막형식*으로 만들어져서 성인이 부르기엔 너무 짧지만, 영아들에게는 적당합니다.

이 곡에는 '산토끼', '깡충깡충', '어디를', '가다', '뛰다'와 같은 어휘가 5개나 있습니다. 영유아에게는 결코 적거나 쉽지 않은 어휘량입니다. 실제 이 곡을 0세 영아, 즉 생후 12개월 미만 영아에게 율동과 함께 불러주면 몸짓과 표정으로만 반응합니다. 말소리 대신 옹알이로만 표현할 수 있지요.

그런데 생후 12개월에서 36개월 미만의 영아들은 노래를 따라 부르려고 노력합니다. 개인차가 있기는 하지만 4세 영아들은 다음과 같이 개사까지 가능합니다.

악어야 악어야

어디를 가느냐

엉금엉금 기면서

어디를 가느냐

영희야 영희야

어디를 가느냐

아장아장 걸어서

어디를 가느냐

---

* 하나의 큰 악절로 이루어진 가장 단순한 노래 형식으로 8마디인 경우가 많다. 주로 동요나 민요에서 찾아볼 수 있다. 동요 〈학교 종이 땡땡땡〉, 〈열 꼬마 인디언〉 등이 속한다.

동요를 개사하여 부르는 것은 아이를 돌보면서 굉장히 자주 하는 놀이입니다. 개사하여 부르기 좋은 곡은 아이가 잘 알고 있고 따라 부르기 쉬운 곡입니다. 4세 이하의 영아들을 주로 돌보는 저는 〈산토끼〉를 개사하여 놀이 활동을 합니다.

산토끼를 대신하여 악어, 기린, 아가 등으로 바꾸어 그 대상의 특성에 맞게 엉금엉금 기면서, 성큼성큼 걸어서, 아장아장 걸어서 등으로 바꾸어 부릅니다. 영아들에게 새로운 재미를 불러일으킬 수 있습니다.

개사하여 노래를 부를 때 아이들에게 최고 인기 캐릭터는 바로 자기 자신입니다. 자기의 이름을 넣고 부르면 아이들은 신나게 따라 합니다. 자기중심적 사고를 하는 단계의 영아들은 자신이 노래의 주인공이 되었다는 사실에 무척 기뻐한답니다. 같이 노래를 부르는 선생님과 또래 영아들이 자기 이름을 부르는 것에 만족감을 보이지요. 이처럼 아이들은 즐거운 상호작용을 통해 어휘를 익혀나갑니다.

"천 리 길도 한 걸음부터"라는 속담이 있습니다. 읽고 쓰는 행위는 현재를 살아가는 인간이 과거 그리고 미래와 공감하고 소통하기 위해 꼭 필요한 고도의 정신활동입니다. 그 첫걸음을 동요와 함께 시작하면 즐겁게 공감하고 소통하는 감정을 먼저 배울 수 있습니다. 더불어 독서를 위한 기초 도구인 어휘도 함께 익힐 수 있답니다.

아이의 청각 자극에 도움이 돼요

영유아 아이들의 발달 과정에서 '자극'은 굉장히 중요합니다. 연령별 발달 단계에 맞는 자극을 통해 아이들의 두뇌가 성장할 수 있기 때문입니다.

특히 아이의 두뇌 성장에 중요한 것 중 하나가 바로 '청각 자극'입니다. 아이의 청각 발달을 도와주는 방법에는 일반적으로 동화책 읽어주기, 노래 불러주기, 다양한 소리 들려주기 등이 있습니다.

먼저 그림책 읽어주기부터 살펴볼까요? 그림책을 읽어주는 육아법이 영유아의 두뇌를 성장시키고 언어 발달을 효과적으로 촉진한다는 것은 수많은 연구 결과가 입증하고 있습니다. 따라서 많은 부모님들이 시간과 여건이 허락될 때 아기에게 그림책을 읽어줍니다.

그림책의 종류도 다양합니다. 형태에 따라 소리가 나는 그림책, 그림만 있는 그림책, 촉감을 느낄 수 있는 그림책 등이 있고, 목적에 따라 생활 습관이나 인성을 가르치는 그림책, 언어 발달이나 수 감각을 자극하는 그림책 등도 있지요. 이처럼 그림책이 가진 긍정적인 효과로 아이들은 영유아 시절에 많은 그림책을 읽고 자라지만, 부모가 읽어주는 그림책 독서량이 성인이 되었을 때의 독서량으로 이어지지는 않고 있습니다.

문화체육관광부가 발표한 국민독서실태조사 자료에 따르면 한국 성인의 독서율은 OECD 국가 평균을 밑도는 것으로 나타납니다. 어릴 때는 책을 가까이하던 아이가 성인이 되었을 때 책과 멀어지는 이유는 다양합니다. 그중 하나는 책을 지식이나 정보 전달의 매개체로만 보기 때문입니다.

사람은 각자 다른 환경에서 태어나고 각기 다른 삶을 살아갑니다. 책은 지식과 정보를 전달해주는 매개체이기도 하지만, 내가 경험해보지 못한 삶으로 들어가는 통로이기도 합니다. 내가 선택한 통로를 통해 미지의 세상으로 들어가, 그곳의 문화를 경험하고 현실의 내 세상과 조율할 수 있는 영감을 주지요.

따라서 아이에게 그림책을 읽어주는 이유가 교육받아야 할 무언가를 '공부'하기 위함이 되어서는 안 됩니다. 그림책을 펼치는 것은 아이가 새로운 세상으로 들어가는 문고리를 당기는 일이라는 것을 부모가 먼저 알고 아이에게도 알려주어야 합니다.

아이가 원하는 만큼 많은 그림책을 읽어주세요. 이는 아이의 청각을 자극하는 것을 넘어 아이가 아직 접해보지 못한 세상으로 인도해 경험을 넓히는 계기가 된답니다.

그림책과 친해지는 '상상 읽기'

하늘이는 부모님이 올 때까지 어린이집 오후 연장 반에서 자유 선택 놀이를 하며 지냅니다. 부모님 두 분 모두 직장에 다녀서 하늘이의 하원 시간은 다른 영아들보다 좀 늦습니다. 그래서 하늘이 부모님의 얼굴에는 늘 미안함이 있습니다. 그러던 어느 날 하늘이 엄마가 걱정 섞인 말을 꺼냈습니다. 하늘이가 가정에서 TV나 휴대전화 동영상을 너무 많이 본다는 겁니다. 그림책을 읽어주려고 해도 아이가 집중하지 않고 싫어한다며 걱정이 많았습니다.

그날도 하늘이는 혼자 남아 엄마를 기다리고 있었습니다. 어린이집 선생님인 저는 하늘이에게 제안을 했습니다.

"하늘아, 우리 그림책 읽을까?"

하늘이는 고개를 저었습니다. 첫날인 만큼 더 강요하기보다는 하늘이가 좋아하는 다른 놀이를 했습니다. 다음 날, 다시 그림책 읽기를 제안했지만 이번에도 하늘이는 고개를 저었습니다. 저는 포기하지 않고 말했죠.

"그래. 그러면 선생님은 그림책을 읽을 거야. 하늘이는 다른 놀이를 하렴."

그리고 그림책을 가져와 소리 내 읽기 시작했습니다. 멀뚱히 제 모습을 보던 하늘이는 스스로 그림책을 가져와 옆에 앉았습니다. 아기들은 자기가 좋아하는 사람의 행동을 무조건 모방하려는 특성이 있다는 걸 살짝 이용한 겁니다.

"나도 그림책 읽을 거야."

하늘이는 그림책을 펼쳤습니다. 아직 한글을 읽을 줄 모르는 하늘이는 그림책 속 그림을 보며 이야기를 지어내며 읽어 내려가기 시작했습니다. 하늘이가 지어내는 이야기는 이미 알고 있는 내용에다가 상상력을 더해서 스스로 만든 것입니다. 하늘이는 그림책 읽기를 싫어한 것이 아니었습니다. 좀 더 자극적인 노출에 익숙해져 있었을 뿐이지요.

그렇게 하늘이와 저는 각자 상상해가며 책을 읽고 이야기를 나누는 것이 하루 일과가 되었습니다. 어느 날은 제가 하늘이에게 읽어주고, 또 어떤 날은 하늘이가 저에게 그림책을 상상해서 읽어주었습니다. 상상해서 읽는 그림책 권수는 하루에 딱 한 권으로 정했습니다. 영유아는 놀이 집중력이 짧기에 여러 권의 그림책을 읽는 것이 자칫 재미가 아닌 학습 노동으로 바뀔 우려가 있기 때문이죠.

제가 하늘이에게 느끼게 해주고 싶은 것은 "나, 책 읽는 사람이야", "나는 책 읽기가 좋아"라는 마음이었습니다. 책이 얼마나 재미있는 놀이가 될 수 있는지 하늘이는 알게 되었을 겁니다. 이런 즐거운 경험을 바탕으로 스스로 책을 가까이하는 습관과 상상하는 힘을 기를 수 있지요.

책 읽기를 싫어하는 아이들을 위한 청각 자극 ♪

물론 모든 아이가 하늘이처럼 그림책 읽기를 즐기게 되는 것은 아닙니다. 만약 아이가 그림책에 대한 거부감이 심하다면 억지로 책을 읽어주기보다는 먼저 노래로 접근해보는 걸 추천합니다.

노래 불러주기와 다양한 소리 들려주기도 그림책 읽어주기 못지않게 아이들의 청각 자극에 큰 도움이 됩니다. 평소 음악을 자주 접할 수 있는 환경을 조성해주고, 특히 부모님이 노래를 직접 불러주거나 아이와 함께 부르면 효과가 더 좋습니다.

노래는 언어(가사)와 음악(가락)으로 이루어져 있습니다. 그렇기에 노래를 부르는 것은 언어 능력을 담당하는 좌뇌와, 창의성과 상상력을 담당하는 우뇌가 서로 정보를 교환하며 소통하는 상태와 같다고 합니다. 즉 평소에 좋아하는 노래의 가사를 외우면서 부른다면 양쪽 뇌를 동시에 쓰게 되는 것이지요.

일상생활에서 접할 수 있는 다양한 소리가 담긴 동요를 들려주고 아이와 함께 부르며 소리에 대한 관심을 높여주세요. 그다음은 다양한 캐릭터와 줄거리가 담긴 동요를 통해 '이야기'의 재미를 알려주기를 추천합니다.

소리에 관한 관심을 높여줄 수 있는 동요는 어떤 것들이 있을까요? 아이들이 호기심을 보이는 소리는 정말로 다양합니다. 자동차, 비행기 같은 각종 탈것에서 나는 소리와 동물의 울음소리를 담은 장난감이 유아들에게 인기가 많습니다. 또한 아이들은 이러한 소리를 주제로 한 동요도 좋아합니다.

한 예로 〈악기놀이〉(유병무 작사·작곡)는 악기의 이름과 악기가 내는 소리를 들려주며 소리에 대한 관심을 더 높일 수 있는 곡입니다. 노랫말 속에는 피아노, 나팔, 큰북이 내는 소리가 담겨 있는데 아이들이 재미나게 따라 부를 수 있게 편안한 멜로디로 작곡되어 있습니다.

랄랄라 랄랄라 랄랄랄라

악기놀이 합시다

피아노를 칩시다 딩동댕 딩동댕

피아노를 치면은 딩동댕 딩동댕

〈악기놀이〉(유병무 작사·작곡) 중에서

이 밖에도 비가 내리는 소리를 노래한 〈봄비〉(전유순 작사, 이용수 작곡), 동물이 내는 울음소리를 재미나게 표현한 〈작은 동물원〉(김성균 작사·작곡) 등이 있습니다.

친구들 가고 난 텅 빈 놀이터

그네도 내 차지 미끄럼틀도 내 차지

그네 타고 높이높이 올라가서

지나가는 새들에게 부탁해야지

미끄럼틀을 타고 쑤욱 내려와

지나가는 개미에게 부탁해야지

모두 함께 신나게 놀아보자고

한바탕 신나게 놀아보자고

〈텅 빈 놀이터〉(김현정 작사, 고희영 작곡) 중에서

아이가 좋아하는 사물이나 캐릭터를 소재로 이야기를 들려주는 동요도 있습니다. 위 곡은 〈텅 빈 놀이터〉(김현정 작사, 고희영 작곡)입니다. 코로나19 사태가 발생한 이후 놀이터는 그야말로 텅 비어버렸습니다. 놀이터에는 아이들을 기다리는 그네, 시소, 미끄럼틀만이 덩그러니 서 있습니다. 그러나 언젠가 우리 다시 놀이터에서 만나 신나게 놀아보자는 내용을 담고 있습니다.

지금처럼 아이들이 마음껏 뛰어놀지 못하는 때일수록 아이들이 좋아하는 놀이터를 소재로 한 동요를 들려주면 좋겠습니다. 그런 다음 아이와 함께 다시 놀이터로 돌아가면 어떤 놀이를 할지 상상하며 이야기 나누는 시간을 가져보세요. 행복한 일상으로 돌아갈 미래를 그려봅시다.

> **TIP** 동요와 동시는 무엇이 다를까?

　동요에는 동시를 노랫말로 한 작품이 많다. 그렇기 때문에 동요 속 노랫말은 동시와 비슷하게 느껴진다. 그러나 동요의 노랫말은 동시와 확연한 차이점이 있다. 바로 동시는 기본적으로 문학성과 예술성을 추구하기 때문에 은유적 표현이 많다는 점이다.

　은유적 표현은 읽는 사람의 감성이나 경험에 따라 다르게 해석될 여지가 많다. 그러나 동요의 노랫말은 누구나 듣고 바로 이해할 수 있는 가능한 직접적이고 쉬운 말로 만들어진다. 동요를 부르는 대상이 어린이라는 이유도 있지만 리듬과 박자로 구성된 멜로디와 함께 노래로 불려야 하기 때문이다.

　노래는 그것이 동요든 가요든, 대중성을 담보로 해야 하기에 누구나 알기 쉽게 표현해야 한다. 그렇기에 동요는 동시와는 닮은 듯하지만 다른 모습을 띤다. 동요에는 멜로디 속에 우리말이 쉽고 다채롭게 표현되어 있다.

　동요 속 노랫말에는 아이들에게 단어를 인위적으로 가르치는 것이 아니라 스스로 부르면서 몸과 마음에 스며들어 자연스럽게 받아들이게 하는 힘이 있다. 즉 유아기때부터 동요를 반복적으로 들으면 가랑비에 옷 젖듯 노랫말이 쌓여 자기만의 언어 표현력을 기르고 감성 발달을 도울 수 있다.

Chapter 2

내 아이에게 딱 맞는 연령별 동요 놀이

들어가기에 앞서

우리 아이에게
딱 맞는 동요는 무엇일까요?

 영유아에게는 '언어 민감기'라는 시기가 있습니다. 생후 6개월부터 6세를 전후한 시기입니다. 언어 민감기의 아이는 모국어든 외국어든 언어 모방의 귀재이면서 습득의 고수입니다. 또한 자발적으로 언어를 배우려는 욕구가 강해서 말을 스펀지처럼 받아들여 자기화시킵니다. 따라서 부모는 언어 민감기를 잘 활용하여 아이에게 모국어의 다양한 어휘와 표현법을 가르칠 수 있지요.

 이때 동요를 활용하면 일상에서 사용하는 반복적이고 제한적인 어휘를 벗어나 다채로운 표현을 가르칠 수 있습니다. 동요를 통한 말하기 연습은 아이에게 의사 전달력 향상과 정서적 안정이라는 두 마리 토끼를 한 번에 잡게 해줍니다.

 먼저 아이가 듣기 좋고 이해하기 쉬운 동요를 선정해주세요. 이때 영유아의 언어 발달 단계를 고려해야 합니다.

 이 장에서는 아이의 호기심을 자극하고 아이가 듣기에 좋은 음역, 조성, 빠르기 그리고 노랫말의 내용을 고려하여 연령별로 동요를 고르는 법을 소개합니다. 연령을 나누는 기준은 일반적으로 통용되는 연령별 발달 기준을 따랐으나, 아이마다 발달 상황이 다르기에 꼭 나이에 한정할 필요는 없습니다.

내 아이가 어느 정도의 발달 단계에 와있는지를 먼저 파악한 뒤, 편안한 마음으로 동요 자극을 시작해주세요. 부모가 편안함을 느끼면 아이도 기분 좋게 받아들이니까요.

동요는 듣는 것도 중요하지만 부르거나 다양한 놀이로 활용할 때 효과가 더 극대화됩니다. 영유아 대부분이 노래 부르기를 즐기고 좋아합니다. 멜로디에 맞추어 몸을 흔들고 리듬을 즐기지요. 그러나 아이가 처한 상황이나 기질로 인하여 노래 부르기를 싫어하거나 부끄러워할 수도 있습니다. 이럴 때는 절대로 노래 부르기를 강요해서는 안 됩니다. 아이가 노래 부르기를 거부할 때는 자연스럽게 유도하거나 유아의 반응을 존중해주세요.

자, 그럼 함께 동요 놀이를 시작해볼까요?

0~6세 연령별 동요 놀이법

0~12개월(0~1세)
♪ 주변의 다양한 소리를 담은 동요를 엄마가 직접 불러주세요.

동요 고르기
- 주변의 소리를 담은 동요
- 다양한 멜로디의 동요
- 마음의 안정을 주는 잔잔한 동요

동요 놀이법
- 엄마가 직접 불러주기
- 시간을 정해 들려주기

12~24개월(1~2세)
♪ 눈, 코, 입 등 신체 부위를 알려주는 동요로 아이와 신체 놀이를 해보세요.

동요 고르기
- 신체와 관련된 동요
- 따라 부르기 쉬운 동요
- 생활 속 사물의 이름을 알려주는 동요

동요 놀이법
- 한 가지 소리로 부르기
- 악기와 함께 불러보기
- 동요를 들으며 신체 놀이 하기

24~36개월(2~3세)
♪ 자신의 목소리를 탐색할 수 있는 동요를 골라 엄마와 한 소절씩 번갈아 불러보세요.

동요 고르기
- 자신의 목소리를 탐색할 수 있는 동요
- 재미있는 캐릭터가 등장하는 동요
- 아이의 성격을 고려한 동요

동요 놀이법
- 엄마와 한 소절씩 부르기
- 내청을 이용한 노래 부르기

36~48개월(3~4세)
♪ 올바른 생활 습관을 알려주는 동요를 부르며 손씻기와 양치하기를 함께해 보세요.

동요 고르기
- 서사가 담긴 동요
- 사회 규칙을 알려주는 동요
- 올바른 생활 습관을 잡아주는 동요

동요 놀이법
- 동요 속 상황에 감정 이입하기
- 노랫말이나 멜로디를 바꿔 불러보기

48~60개월(4~5세)
♪ 의성어·의태어가 풍부한 동요를 부르며 올바른 발음을 연습해주세요.

동요 고르기
- 동화를 담고 있는 동요
- 발음 연습을 돕는 동요
- 감정을 구체적으로 표현하는 동요

동요 놀이법
- 춤추며 노래 부르기
- 동요로 올바른 행동과 역할 알려주기

60개월 이상(5~6세)
♪ 환경, 지구 등 주제가 다양하고 광범위한 동요로 아이의 상상력과 사고력을 높여주세요.

동요 고르기
- 주제가 다양하고 광범위한 동요
- 상상력을 자극하는 동요
- 아이가 말을 안 들을 때 들려주는 동요

동요 놀이법
- 동요와 대중가요 함께 들려주기
- 영상을 촬영해 엄마와 함께 보기

0~12개월(0세)

옹알이 단계

한눈에 보는 동요 놀이의 핵심

어떤 동요를 들려줄까?
주변의 소리를 담은 동요
다양한 멜로디의 동요
마음의 안정을 주는 잔잔한 동요

어떻게 들려줄까?
엄마가 직접 불러주기
시간을 정해 들려주기

생후 10개월이 된 종현이는 요즘 옹알이 놀이에 한참 신이 났습니다. 통통한 두 다리를 쭉 뻗고 앉아서 교사를 쳐다보며 '아', '어' 하고 옹알댑니다. 그러다가도 두 발로 기어서 교실 구석구석을 탐험합니다.

이 시기 영아는 눈에 보이는 사물에 대한 호기심이 매우 왕성하고 손에 잡히는 건 뭐든지 입으로 가져가서 맛을 보려고 합니다. 그래서 한시도 눈을 뗄 수가 없습니다. 종현이는 특히 활달한 모습으로 또래 아기 손도 만져보고, 장난감을 입에 넣기도 합니다. 그러면 제가 "종현이, 안 돼요!" 하며 주의를 줍니다. 종현이는 멈칫하는 표정으로 저를 빤히 바라봅니다. 제 표정과 목소리의 톤으로 느낌을 감지하는 것이지요.

제가 "장난감을 입에 넣으면 위험해요"라고 다시 한번 타이르면서 안아주면 종현이는 가슴에 폭 안깁니다. 주의를 준 것이 미안해서 까꿍 놀이를 시도해봅니다. "선생님 어딨게?"라며 보자기로 얼굴을 가리면 종현이는 손으로 보자기를 내리며 환하게 다시 웃습니다.

STEP 1 아이의 발달 단계 알기

0~12개월 발달 특징

♪ 울음, 쿠잉* 등의 소리를 거쳐 다양한 높낮이로 말소리를 내며, '엄마', '아빠'와 같은 단어를 말하기 전의 단계입니다. 언어 발달 과정 중 주로 '듣기'를 하며 주변에서 들리는 소리에 호기심을 가집니다.

♪ 생후 4개월이 넘어가면 부모와의 눈맞춤을 시작으로 소리 내어 웃기도 합니다. 부모와 교감하는 즐거움을 느끼며, 이 시기에 형성된 상호 소통과 유대감, 정서적 안정감은 이후 아이의 언어 발달에 중요하게 작용합니다.

♪ 생후 7~8개월이 지나 '마마마', '빠빠빠'처럼 입술을 사용하는 단음절 반복 옹알이를 하고, 자주 듣는 친숙한 단어(맘마, 까까)와 비슷한 소리를 발음하기도 합니다.

♪ 간단한 언어적 활동이 가능해 빠이빠이, 곤지곤지 등을 듣고 손이나 몸을 움직이며 동작을 할 수 있습니다. '안 돼'라는 금지어를 이해하고 행동을 멈추기도 합니다.

♪ 사물을 지칭하는 단어('사자')보다는 의성어('어흥')에 더 잘 반응하고 흥미로워합니다.

* 생후 2~3개월경 아기 목에서 나는 목 울리는 소리.

STEP 2 0~12개월 동요 고르기

♪ 주변의 소리를 담은 동요

이 시기 영유아는 언어 발달의 말 주머니를 만들기 시작합니다. 주변의 다양한 소리를 노래한 동요를 선택해서 들려주세요. 집 안에서 아기는 엄마가 자신에게 걸어오는 발걸음 소리, 모빌이 딸랑거리는 소리, 그릇이 달그락거리는 소리를 들을 수 있습니다.

집 밖으로 나가면 자동차 소리, 낯선 사람들의 말소리 그리고 바람 소리, 새소리 등과 같은 자연에서 들려오는 여러 가지 소리를 들을 겁니다. 아기가 듣는 다양한 소리를 표현한 동요를 들려주면서 언어에 대한 이해력을 높일 수 있도록 청각을 자극해주세요.

들어봐요 뻐꾸기 노래하는 소리를
들어봐요 개구리 멀리 뛰는 소리를
들어봐요 들어봐요 꿀벌 공중제비하는 소리를
잠시 멈춰 잠시 멈춰
마음으로 느껴봐요

〈들리나요〉(김현정 작사, 류지원 작곡) 중에서

동요 〈들리나요〉는 창작 국악 동요입니다. 이 곡은 듣기에 집중하는 옹알이 단계 영유아에게 아름답고 밝은 노랫말과 우리 국악의 장단을 서정적으로 전달합니다. 노랫말에서는 사물이 실제로 만들어내는 소리를 담고 있지만, 사물이 만들어낼 것 같은 소리를 상상하는 장면도 노래하고 있습니다. 아기는 이런 동요를 들으며 자기만의 상상력과 이해력을 키울 겁니다.

이 밖에도 자전거 지나가는 소리를 담은 〈자전거〉, 소방차 사이렌 소리를 들려주는 〈뽀로로 자동차 구조대〉, 귀여운 강아지 소리를 들을 수 있는 〈강아지〉처럼 생활 속, 자연 속 소리를 담은 동요를 찾아서 들려주세요.

♪ 다양한 멜로디의 동요

노래에는 멜로디가 빠르거나 느린 곡이 있고, 느낌이 무겁거나 경쾌한 곡이 있습니다. 듣기에 집중하는 영유아에게 다양한 감성을 느낄 수 있는 동요를 들려주면서 말 주머니를 크고 튼튼하게 만들어주세요.

살랑살랑 살랑
살랑살랑 살랑
가을바람 살랑 불어옵니다

뱅글뱅글 뱅글 단풍잎

뱅글뱅글 뱅글 은행잎

〈가을바람〉(김규환 작사·작곡) 중에서

동요 〈가을바람〉은 음의 길고 짧음이 잘 드러난 곡입니다. 즉 '살랑살랑'은 8분음표, '단풍잎'과 '은행잎' 등은 4분음표로 구성되어 있어서 음의 길고 짧음을 노래로 바로 느낄 수 있습니다. 최고 높은음이 '솔'이고 멜로디가 밝고 경쾌해서 영유아가 듣기에 편안합니다.

이 곡을 반복하여 들은 영아는 말을 배우는 시기가 왔을 때 가을바람이 살랑살랑 불어온다는 표현에 친숙함을 느낄 수 있겠지요. 또한 가을에 도로 양옆으로 늘어선 가로수에서 은행잎이 뱅글뱅글 돌며 떨어지는 모습을 보았을 때 자기가 본 시각적 이미지를 말로써 훨씬 잘 표현할 수 있을 겁니다.

자신이 본 이미지를 글이나 말로 표현하는 것은 어른에게도 어렵습니다. 글로 표현된 이미지를 읽을 일은 많지만, 스스로 써 볼 기회가 적기 때문이지요. 게다가 요즘은 모든 것이 영상화되기 때문에 더더욱 아이들이 말이나 글로 스스로 표현해볼 기회가 줄어들고 있습니다. 이럴 때 동요를 듣고 부르면서 생동감 있는 언어로 표현하는 연습을 하면 좋습니다.

♪ 마음에 안정을 주는 부드럽고 잔잔한 동요

미국수면재단(National Sleep Foundation, NSF)이 발표한 주요 연령대별 권장 수면 시간에 따르면 신생아(0~3개월)는 14~17시간, 영아(4~11개월)는 12~15시간의 수면을 권장한다고 합니다.

옛말에 '잠이 보약이다'라는 말이 있지요. 실제 출생부터 12개월까지의 영아들은 야간 취침 시간과 낮잠 시간을 포함하여 충분히 잠을 자도록 해야 합니다. 영유아의 질 좋은 수면은 신체적 성장에 필수입니다. 수면의 질이 떨어지면 발육뿐만 아니라 각종 질병에도 노출될 수 있기에 영유아의 수면 시간과 습관은 매우 중요합니다.

특히 하루 성장 호르몬 분비량의 60~70퍼센트가 밤 10시부터 새벽 2시까지 분비되기 때문에 영유아는 밤 10시 이전에 잠자리에 들도록 유도하는 것이 좋습니다. 따라서 아기를 재울 때 잔잔하고 부드러운 동요를 들려주어 편안하고 깊게 잠들 수 있도록 만들어주세요.

예를 들어 〈반달〉, 〈나뭇잎 배〉와 같은 동요는 서정적이면서도 음의 변화가 크지 않아 듣기에 편안합니다. 또한 엄마가 직접 불러주면서 등을 토닥토닥 두들기거나 머리를 쓰다듬으면 아기가 마음의 안정을 찾고 편안하게 잠들 수 있습니다. 간혹 아기가 노랫말 자극에 너무 집중한다 싶을 때는 동요의 노랫말을 뺀 반주 음악 버전으로만 들려주어도 좋습니다.

STEP 3 0~12개월 동요 놀이법

🎤 엄마가 직접 불러주기

이 시기의 영유아는 인간이 가지고 있는 오감 중 청각 자극에 가장 예민합니다. 소리를 통해 세상을 느끼고 알아가지요. 아기가 태아 때부터 들었던 소리는 엄마 목소리입니다. 자신을 둘러싼 많은 소리가 있지만, 그중 엄마 목소리가 가장 친숙하고 소중합니다. 아기에게는 자신의 생존을 보장해주는 생명의 끈으로 연결된 소리이기 때문입니다.

"배고프지. 맘마, 먹을까?" "엉덩이가 축축하지. 기저귀 갈아줄까?"라고 물으며 자신의 불편을 해소해주는 엄마의 손길에서 느껴지는 촉감과 향기는 엄마 목소리가 가져오는 안정감과 연결됩니다. 그래서 엄마 목소리가 들려오면 '이제 괜찮아. 엄마가 왔어'라고 느끼며 낯선 환경에 대한 불안을 가라앉히고 안정을 찾습니다.

이렇듯 청각에 절대적으로 의지하는 시기의 영유아에게는 엄마 목소리로 직접 동요를 불러주기를 권합니다. 아기에게 친숙하고 소중한 엄마표 목소리가 정서적 안정을 주는 동시에 노래가 담고 있는 언어의 맛을 느끼게 해줄 테니까요.

또한 엄마가 직접 불러줄 때는 반주 음악 없이 노래만 불러주는 것이 좋습니다. 엄마의 말은 아기의 언어 거울입니다. 그런데 반주 음악에는 여러 가지 악기 소리가 더해져 있어서 아기가 리듬을 가진 말에 집중하기 어려울 수도 있습니다. 엄마가 불러주는 노래가 다소 서툴고 투박하게 느껴질 수 있지만, 아기는 훨씬 친숙하고 안전하게 느끼면서 언어 자극을 받아들일 겁니다. 그렇게 천천히 조금씩 엄마와 아기가 서로 교감하고 애착을 쌓아갈 수 있습니다.

시간을 정해 들려주기

출생부터 대략 12개월 이전까지 아기들은 많은 시간 잠을 잡니다. 깨어 있는 시간에는 주로 먹고 씻는 경우가 많지요. 이때부터 동요로 부모와 음악적 상호작용을 시작하면 좋습니다.

먼저 아기가 잠자야 할 시간이 되었거나 잠을 자고 싶어서 보채기 시작하면 자장가를 정해 불러주거나 들려주면 됩니다. 앞서 말했듯이 자장가를 음원으로 들려줄 때는 멜로디만 있는 반주 음악으로 들려주기를 추천합니다.

엄마 목소리로 듣는 동요와 기계 음원을 통해 나오는 동요는 전달 형태에 미세한 차이가 있습니다. 엄마의 목소리는 그 자체로 아기에게는 친숙한 자극이지만 음원에서 나오는 노랫말은 잠을 자려는 아기에는 언어적 소리 자극이 될 수 있습니다. 요즘에는 같은 동요라도 반주만 있는 것과 노랫말이 포함된 곡으로 구분하여 음원이 나와 있습니다. 따라서 언어적 소리 자극이 없는 반주 음악으로만 들려주면 아기가 잠을 자기 쉬운 환경이 만들어집니다.

그리고 분유를 먹는 시간과 목욕을 하는 시간에도 일정한 동요를 들려주면, 아기가 상황을 예감하고 준비할 수 있습니다. 처음에는 조금 귀찮고 번거로울 수 있으나 습관이 되면 아기도 부모도 편안해집니다.

아기의 성향에 따라 다르지만, 특히 아기들은 목욕하는 것을 무서워할 수 있습니다. 이때 평소 아기가 좋아하는 동요 한 곡을 정해 들려주면서 기분 좋은 상호작용을 하게 되면 아기가 점차 안정을 찾고 목욕을 좋아하게 됩니다.

12~24개월(1~2세)
말문이 트이기 시작하는 단계

한눈에 보는 동요 놀이의 핵심

어떤 동요를 들려줄까?
신체와 관련된 동요
따라 부르기 쉬운 동요
생활 속 사물의 이름을 알려주는 동요

어떤 놀이를 할까?
한 가지 소리로 부르기
악기와 함께 불러보기
동요를 들으며 신체 놀이 하기

하영이를 처음 본 것은 생후 13개월째인 작년 3월이었습니다. 그로부터 열 달이 지난 후 하영이는 기어 다니는 시절을 넘어 이제 뛰어다닙니다. 손을 씻기 위해 어린이집 복도를 지나가면 제 손을 놓고 혼자서 걸어가고 싶어 하지요. 혹시나 넘어지지는 않을까 걱정스럽지만 하영이는 뒤뚱뒤뚱 걸음으로 100미터 달리기를 하듯 달려나갑니다.

그때 하영이의 표정은 신남 그 자체입니다. 그런 하영이를 볼 때면 스스로 걷는 것에 저렇게 기쁜 표정을 지을 수 있을까 싶어 내심 감탄하고 부럽기도 합니다. '너는 걷기만 해도 행복하구나!'라면서요.

그뿐만 아니라 하영이는 음악에도 곧잘 반응합니다. 동요를 들려주거나 불러주면 멜로디를 따라 몸을 이리저리 흔듭니다. 주위에 있는 언니 오빠들을 흘깃흘깃 보면서 행동을 따라 하려고 노력하기도 합니다. 마치 '나도 할 수 있어'라고 말하는 것 같지요.

신나는 노래에는 제자리 뛰기를 하고, 서정적인 노래에는 몸 전체를 끄덕거립니다. 언니 오빠처럼 고개만 끄덕이려고 하지만 아직 신체가 고루 발달되지 않아서 마음먹은 대로 되지 않습니다. 하영이의 몸짓은 참 귀엽고 사랑스럽습니다.

STEP 1 아이의 발달 단계 알기

12~24개월 발달 특징

♪ '엄마', '아빠'와 같은 단어를 말하기 시작하며 한두 어절로 의사를 표현할 수 있습니다. 이 시기의 아기는 보통 10개 이상의 단어를 알게 됩니다.

♪ 생후 12개월을 지나 24개월 연령으로 진입하기 시작하면 신체 발달이 급격하게 일어납니다. 물론 신체 발달 속도는 개인차와 개월차가 무척 크긴 하지만, 바닥에 누워 있거나 기어 다니던 영아가 걷고 심지어 뛰기 시작합니다.

♪ 신체 발달이 급격히 이뤄지면서 자신이나 다른 사람의 몸에 대한 관심이 커집니다. 신체 부위와 관련된 이름을 이해하기 시작합니다.

♪ 이 시기에는 호기심과 모험심이 왕성합니다. 신체와 인지가 함께 발달하기에 혼자서 탐색하며 노는 것보다 여러 가지 요소를 개입시켜 노는 것을 즐깁니다. 새로운 상황이나 물건을 만나면 적극적으로 모험을 시도하기도 합니다.

STEP 2 **12~24개월 동요 고르기** ♪

♪ **신체와 관련된 동요**

　이 시기 영유아는 노래라는 자극이 오면 신체를 움직여서 즐거움을 표현합니다. 자신이 듣는 노랫말을 전부 이해하지는 못하지만, 청각으로 느껴지는 멜로디에 반응하면서 소리를 몸으로 표현하려고 하지요. 즉 빠른 박자가 나오면 발을 구르거나 몸을 상하로 흔들며 빠르게 움직이고, 느린 박자가 나오면 몸을 좌우로 천천히 흔들면서 리듬을 탑니다.

　그리고 점차 엄마, 아빠라는 단어로 말문이 트이면서 자기 귀로 들리는 다양한 단어를 소리로 모방하려는 모습을 보입니다. 옹알이 단계에서 만든 말 주머니에 자기만의 어휘를 하나씩 채우는 때이지요.

　이 시기에 들으면 좋은 율동 동요가 많지만, 이 책에서는 구체적으로 세 곡을 소개하겠습니다. 먼저 〈둘이 살짝〉(박경문 작사, 김방옥 작곡)을 들려주면서 부모가 아이의 손을 잡고 천천히 돌면 영아들은 신체 움직임을 자연스럽게 연습할 수 있고, 그러한 움직임에서 자부심과 즐거움을 느낍니다. 또한 엄마 손에서 느껴지는 촉감을 통해 정서를 교감하면서 동요 듣기를 하나의 놀이로 받아들입니다.

동요 〈짤랑짤랑〉(정근 작사, 이수인 작곡)도 노랫말 전체가 몸을 움직이는 동작과 관련한 의태어로 구성되어 있어 율동 동요로 적합합니다.

> 옆에 옆에 옆에
> 뺑 돌아 짝짝
> 옆에 옆에 옆에
> 뺑 돌아 짝짝
> 뒤로 가세요 뒤로 가세요
> 빨리 뛰어와 안아주세요
>
> 〈옆에 옆에〉(작사·작곡 미상) 중에서

 마지막으로 〈옆에 옆에〉입니다. 이 동요의 3절 노랫말은 '옆에, 뒤로, 뺑 돌아 짝짝'이 전부입니다. 어른 생각엔 단순한 것이라 여겨질 수 있으나, 유아는 노래하며 춤동작까지 따라 하기가 절대 쉽지 않습니다. 이때 부모가 재미난 표정으로 노랫말과 연계하여 몸동작을 보여주면 쉽게 어휘의 뜻을 이해하고 신체의 유연성까지 키울 수 있습니다.
 예를 들어 옆으로 움직일 때는 '게'처럼 움직이는 몸동작을 통해 새로운 어휘를 연상시키는 것도 재미있겠지요.

♪ 따라 부르기 쉬운 동요

말문을 틔우기 시작하는 영유아는 아직 제대로 된 말을 못하지만 마음만은 노래하기의 단계에 와 있습니다. 그래서 단순히 노래를 감상하기보다는 따라 부르고 싶다는 욕구가 싹틉니다. 이런 영유아의 언어 발달 특성에 맞게 따라 부르기 쉽고 밝은 정서 반응을 일으킬 수 있는 느낌의 장조계 동요를 들려주세요.

> 나리 나리 개나리
> 입에 따다 물고요
> 병아리 떼 종종종
> 봄나들이 갑니다
>
> <봄나들이>(윤석중 작사, 권태호 작곡) 중에서

또한 멜로디가 단순하고 곡의 길이가 짧은 곡부터 들려주는 것을 추천합니다. 멜로디는 다양한 높이와 리듬을 가지고 있습니다. 가령 <작은별>의 첫 소절 계이름은 '도도 솔솔 라라 솔'입니다. 각 음이 가진 서로 다른 높이와 길이가 리듬과 멜로디를 만듭니다. 말문이 트이기 시작하는 단계의 영유아에게는 멜로디가 단순한 곡부터 들려주면 좋습니다.

이 시기 영유아는 적극적이고 자발적으로 단어 모방을 합니다. 멜로디가 다채로운 곡은 음악적으로 완성도가 높지만, 아기가 노랫말 속 단어에 집중하는 힘을 떨어뜨립니다. 그렇게 되면 노래를 듣고 단어를 모방하는 힘보다는 멜로디를 감상하는 쪽으로 무게 중심이 바뀝니다. 노래를 통해 언어 발달을 촉진할 때는 단순하고 반복적 리듬으로 만들어진 동요가 효과적입니다. 동요의 길이도 짧은 것부터 들려주는 게 좋습니다. 먼저 8마디로 구성된 한도막형식부터 시작해보세요.

♪ 생활 속 사물의 이름을 알려주는 동요

이 시기 아기들은 신체 발달이 빠르게 일어납니다. 아기마다 개별적 발달 속도의 차이가 있지만 대부분 걷고 뛰기 시작합니다. 누워 있거나 기어 다니던 신체 활동을 벗어나 혼자 힘으로 직립보행을 하기 시작하면 많은 사물이 아이의 눈에 들어옵니다. 이때 생활 속에서 자연스럽게 들리는 소리를 주제로 한 곡이나 아이에게 친숙한 사물의 이름을 알려주는 동요를 들려주세요.

동요 〈작은 동물원〉(김성균 작사·작곡)은 병아리, 송아지, 개구리 등이 등장합니다. 동물들이 내는 소리를 의성어와 의태어로 표현하고 있지요. 아이들은 이러한 동요를 따라 부르면서 입으로 다양한 소리를 내는 연습을 할 수 있습니다.

실제 소리를 통해 사물의 이름을 알려주는 여러 가지 장난감 중 소리 퍼즐이 있습니다. 응급차, 소방차, 배, 기차, 오토바이 등의 탈것 이미지를 가진 퍼즐을 집어 들면 그림에 맞는 소리가 나오는 것이지요. 아이들은 이런 장난감을 통해 특정 사물과 연관된 소리를 익히면서 사물의 명칭도 배웁니다.

동물이나 탈것의 실제 소리를 알아나가는 아기가 동요를 들으며 그 동물이나 사물이 내는 소리를 의성어나 의태어로 표현할 수 있다면 훨씬 효과적인 언어 자극이 될 것입니다.

가령 아기들은 고양이가 내는 소리를 귀로 듣고 머릿속에 이미지화하지만, 그 소리를 말로 표현하기는 어려울 수 있습니다. 이때 동요 속 노랫말을 듣고 '고양이는 야옹'이라고 따라 불러본다면, 귀로 들은 소리를 언어로 표현하는 법을 배우게 됩니다.

STEP 3 12~24개월 동요 놀이법 ♪

🎤 한 가지 소리로 부르기

모두 제자리 모두 제자리 모두모두 제자리
아아아아아 에에에에 아아아아 에에에

〈모두 제자리〉(김성균 작사·작곡) 중에서

동요는 들려주는 것도 좋지만 아이가 직접 불러야 그 효과가 극대화됩니다. 동요를 부를 때는 먼저 한 가지 소리(랄랄라, 아아아, 에에에, 룰룰루)로 부르면서 멜로디를 익힐 수 있도록 해주세요.

영유아는 노래를 듣고 부르기를 좋아하지만, 멜로디와 노랫말을 동시에 익히기가 쉽지 않습니다. 영유아가 부를 곡을 고를 때는 앞서 말했듯이 한도막형식의 짧은 곡을 선택해주세요. 그러나 이때도 한 가지 소리로 먼저 멜로디를 배워본 다음에 노랫말을 붙여서 노래를 부르면 훨씬 수월합니다.

🎤 악기와 함께 불러보기

큰북을 울려라 둥둥둥
작은북을 울려라 동동동
캐스터네츠 짝짝짝 탬버린은 찰찰찰
트라이앵글은 칭칭칭
너도나도 다 같이 흥겹게 쳐보자

〈리듬 악기 노래〉(이계석 작사·작곡) 중에서

동요 〈리듬 악기 노래〉에는 다양한 악기가 등장합니다. 영유아들은 탬버린, 실로폰, 캐스터네츠 등과 같은 소리 나는 악기에 큰 흥미를 보입니다. 유아들은 악기를 두드리고 흔들면서 다양한 소리를 경험합니다. 또한 자신이 만들어내는 소리와 리듬을 들으며 그것을 일종의 놀이로 느낍니다. 이러한 놀이 과정을 통해 소리의 크고 작음 그리고 다양성을 경험합니다.

아이들에게는 신체도 악기입니다. 자기 몸을 악기처럼 사용하여 손뼉 치기, 발 구르기 등과 같은 동작으로 리듬을 맞춥니다. 신체 악기를 두드리고 움직이면서 몸의 감각을 탐색해볼 수도 있습니다.

송알송알 싸리잎에 은구슬
조롱조롱 거미줄에 옥구슬
대롱대롱 풀잎마다 총총
방긋 웃는 꽃잎마다 송송송

〈구슬비〉(권오순 작사, 안병원 작곡) 중에서

동요 〈구슬비〉를 부르면서 '송알송알'은 무릎 치기, '싸리잎에'는 손뼉 치기, '은구슬'은 무릎 치기와 손뼉 치기를 번갈아 해보세요. 이러한 신체 악기를 이용하여 노래를 부르면 리듬을 재미있게 익힐 수 있습니다. 이 시기에는 엄마가 주로 노래를 불러주어야 합니다. 엄마가 노래를 부르면서 아이와 함께 손뼉이나 무릎을 치며 리듬감을 가르쳐주세요.

🎤 동요를 들으며 신체 놀이 하기

배경음악은 흔히 드라마나 영화에서 어떤 장면에 배경으로 삽입되는 음악을 가리킵니다. 음악이 없으면 영상이 조용하고 건조해져서 보는 이를 지루하게 만들 수 있습니다. 이처럼 음악은 장면의 분위기를 만들고 주의를 집중시키는 데 큰 역할을 합니다.

실제 아이의 놀이 환경에서도 배경음악은 큰 효과를 낼 수 있습니다. 영유아의 놀이에 동요를 배경음악처럼 사용해보세요. 그러면 아이와 함께하는 놀이의 단조로움을 줄이고, 부모의 말에 재미를 불어넣어서 생동감 있는 놀이가 됩니다.

모든 영유아기가 그렇지만 특히 생후 12개월에서 24개월의 아기를 돌보는 부모는 수다스럽게 느껴질 만큼 말을 많이 하면서 놀아주어야 합니다. 말을 절제하는 고상한 부모는 아기의 언어 발달에 도움을 줄 수 없습니다. 아기는 아직 제대로 된 말을 할 수 없지만 엄청난 모방력을 가지고 있습니다. 따라서 부모가 놀이를 통해 언어 모델이 되어주어야 합니다.

> 눈은 어디 있나 요기
> 코는 어디 있나 요기
>
> 〈요기 여기〉(김정순 작사, 김숙경 작곡) 중에서

아기와 함께 신체 이름을 맞히기 놀이를 해보세요. 부모가 "눈

어딨지?"라고 물으면 아기가 손가락으로 자기 눈을 가리키는 방법으로 신체 각 부분의 이름을 언어로 묻고 신체로 답하는 놀이를 하는 겁니다. 이때 부모가 동요 〈요기 여기〉를 부르면서 놀이를 하면 아이의 집중도를 높이고 재미도 늘어납니다.

이 동요는 그림책을 보며 동물 이름을 알아볼 때도 활용할 수 있습니다. 부모가 그림책 속 동물 이미지를 손가락으로 가리키며 "쥐는 어디 있나 요기", "곰은 어디 있나 요기"라고 노랫말을 바꿔 부르면서 동물의 이름을 알려주면 됩니다. 그러면 아기는 동물이나 사물의 명칭을 쉽게 배울 수 있습니다.

엄마 앞에서 짝짜꿍 아빠 앞에서 짝짜꿍
엄마 한숨에 잠자고 아빠 주름살 펴져라

〈짝짜꿍〉(윤석중 작사, 정순철 작곡) 중에서

〈짝짜꿍〉은 신체 놀이와 쉽게 결합할 수 있는 대표적인 동요입니다. '짝짜꿍'은 양 손바닥을 마주쳐 소리를 내는 동작을 표현한 의성어이자 의태어입니다. 노래를 부르면서 함께하는 손동작은 유아 몸 전체의 혈을 자극합니다. 또한 노랫말 '도리도리'를 따라 부르면서 유아가 머리를 좌우로 돌리는 동작을 하도록 부모가 유도하면 이것 역시 오래 누워 있는 아이에게 자연스럽게 목 운동을 시키는 방법이 됩니다.

24~36개월(2~3세)
말문이 트인 단계

한눈에 보는 동요 놀이의 핵심

어떤 동요를 들려줄까?
자신의 목소리를 탐색할 수 있는 동요
재미있는 캐릭터가 등장하는 동요
아이의 성격을 고려한 동요

어떤 놀이를 할까?
엄마와 한 소절씩 부르기
내청을 이용한 노래 부르기

생후 29개월 남자아이인 철수는 또래보다 말이 빠릅니다. 그러다 보니 또래 친구가 소꿉장난으로 요리 만들기를 하고 있으면 자기도 옆에 앉아서 프라이팬에 스테이크를 얹으며 놀이에 참여합니다. 보통 이 연령대의 아기들은 주로 혼자서 놀이를 합니다. 그런데 철수는 "나도 같이할까?"라고 물으며 친구의 수락을 기다립니다. 그런 방식으로 철수는 친구에게 쉽게 다가섭니다.

그뿐만 아니라 선생님이 다른 영아에게 밥을 잘 먹는다고 칭찬하면, 자기도 밥을 잘 먹는다며 선생님에게 칭찬해달라는 눈빛을 보냅니다. 아기의 개별적인 성향에 따라 다르겠지만 빠른 언어 발달이 자기감정 표현을 쉽게 만들어주지요.

하루는 식사 시간에 옆자리에 앉은 또래 여자아이가 입에 밥풀을 묻혔습니다. 철수는 친구에게 "밥풀 묻었어"라고 알려주었습니다. 여자아이가 "어디?"라며 자기가 앉은 바닥을 두리번거리자 놀라운 일이 일어났습니다.

철수가 친구의 입가에 묻은 밥풀을 하나씩 떼어내서 식탁에 놓아둔 개인 휴지에 놓는 겁니다. 보통 이 시기의 아이들은 자기 입가 밥풀도 의식하지 못한 채 밥을 먹기 때문에 교사가 식사 후 닦아줍니다. 그런데 그 조그만 아기가 타인을 향해 손을 내민 것이죠. 철수는 아직 어린 아기이지만 참 듬직하고 멋졌습니다.

STEP 1 아이의 발달 단계 알기

24~36개월 발달 특징

♪ 추상적인 개념을 어느 정도 이해할 수 있고 본격적인 문장을 사용할 수 있습니다. 크거나 작은 것, 길거나 짧은 것, 많거나 적은 것 등 서로 다른 것을 비교할 수 있습니다.

♪ 아직 어설프지만 대화를 시작합니다. 의문형 사용이 가능해지면서 쉼 없이 질문을 하기에 다양한 방법으로 지적 호기심을 채워주어야 합니다.

♪ 고집과 자기주장이 강해지는 시기이며, '싫어', '안 해' 등의 말을 자주 해 부모와 충돌이 잦아지기도 합니다.

♪ 감정 적응이 가능해지며 다른 사람과의 감정적인 소통과 교류가 가능해집니다.

STEP 2 24~36개월 동요 고르기

♪ 자신의 목소리를 탐색할 수 있는 동요

영유아는 옹알이 단계에서 말 주머니를 만들고, 말문을 트는 단계에서는 말 주머니에 나만의 단어들을 하나씩 채웁니다. 그리고 말문이 트인 단계에 오면 본격적으로 문장을 채워넣기 시작합니다.

이 단계에서는 엄마, 아빠가 사용하는 단어는 물론이고 말하는 방식까지 따라 합니다. 그래서 이 시기에 주 양육자가 할머니나 할아버지일 경우 영유아의 말투 속에 조부모님의 말투가 묻어나기도 하지요. 이런 특별한 언어 모방의 시기에는 양육자가 보여주는 언어 표현 방식이 상당히 중요해집니다.

또한 아이가 서툴지만 직접 노래를 부르기 시작하는 단계이므로 동요를 통해 감성 충만한 언어 표현법을 배울 수 있습니다. 따라서 영유아 개개인의 특성에 맞는 동요를 선곡하여 들려줄 필요가 있습니다.

먼저 노래를 따라 부르면서 아이가 자신의 목소리를 탐색할 수 있는 동요를 들려주세요. 예를 들어 영유아는 동요 〈잠자리〉를 부르면서 자신의 목소리를 통해 음악을 더욱 생생하게 경험합니다.

잠자리 날아다니다
장다리꽃에 앉았다
살금살금 바둑이가
잡다가 놓쳐 버렸다
짖다가 날려 버렸다

〈잠자리〉(백약란 작사, 손대업 작곡) 중에서

목소리는 인간이 만든 가장 기본적인 악기입니다. 목에서 나오는 소리 어휘들이 리듬을 타고 노래로 변환될 때 아이는 엄청난 기쁨과 자부심을 느낍니다.

♪ 재미있는 캐릭터가 등장하는 동요

흉내쟁이 아기 오리 엄마처럼 동동
장난꾸러기 아기 오리 아빠처럼 쏙쏙
무얼 찾고 있을까 정말 궁금해
살금살금 다가가 손 내밀었더니 놀란 아기 오리
물 위로 후다닥, 후다닥
아기 오리야 나랑 얘기 좀 하고 가

〈오리야, 잠깐만〉(김현정 작사, 우덕상 작곡) 중에서

아이의 생활과 밀접하게 연관된 이야기를 소재로 한 동요, 특히 재미있는 캐릭터가 등장하는 동요가 많습니다. 가령 동요 <오리야, 잠깐만>은 아이가 부모랑 산책하러 나갔을 때 볼 수 있는 청둥오리를 소재로 하고 있습니다.

아이들은 기질적으로 무서워하는 동물을 제외하고 밖에서 고양이나 강아지 등 동물을 보면 우선 만져보고 싶어 합니다. 호기심이 발동하는 것이지요. 그래서 물속에 고개를 집어넣고 열심히 먹이를 찾고 있는 청둥오리를 보면 우선 손부터 내밀어봅니다.

이처럼 아이의 행동 특성을 담은 동요나 아이가 좋아하는 재미있는 캐릭터가 등장하는 동요를 선택하여 들려주면 아기의 호기심을 쉽게 끌어낼 수 있습니다. 노래에 공감하고 따라 부르고 싶은 마음을 일으킬 수 있지요.

♪ 아이의 성격을 고려한 동요

간단한 의사소통을 시작하는 단계에 오면 아이들은 개별적 특성이 나타나기 시작합니다. 즉 얌전한 아이, 활달한 아이, 겁이 많은 아이처럼 다양한 기질적 특성을 보입니다. 개별 특성에 따라 각기 좋아하는 노래도 달라집니다.

활달한 아이는 자기가 좋아하는 캐릭터가 나오는 만화영화의 OST를 들으면서 만화영화 속 캐릭터처럼 몸을 움직입니다. 노래를 따라 부르면서 신나게 감정을 표현하며 음악을 즐깁니다. 반대로 감성 충만한 서정적인 동요를 들으면서 자기 기분을 표현하는 아이도 있습니다. 노래를 부르는 것보다 듣는 것을 더 즐기는 아이도 있지요.

이처럼 아이는 성장하면서 자기 고유의 성격과 분위기에 따라서 좋아하는 동요가 다릅니다. 아이가 어떤 성향인지, 어떤 음악을 좋아하는지 세심하게 관찰하고 이에 맞는 동요를 선택해 들려주세요.

STEP 3 24~36개월 동요 놀이법

🎤 한 소절씩 부르기

이 시기의 아이들은 의문형 사용이 가능해지면서 질문이 많아집니다. 동네에서 만난 꼬리 흔드는 저 동물은 무엇인지, 자신이 쓰다듬으면 어떤 느낌이 나는지와 같은 단순한 호기심에서부터 밟으면 바스락거리는 낙엽이 어디에서 떨어졌는지와 같은 지적 호기심까지 궁금증이 왕성해집니다.

단순 호기심이든 지적 호기심이든 아이의 마음속에서 궁금증이 일어났을 때 부모가 다양한 방법으로 채워준다면 아이는 '배움'의 즐거움을 알게 되고 이후 학업에서도 능동적인 태도를 갖게 되지요.

따라서 "이건 뭐야?"를 반복하며 호기심을 보이는 아이와 다양한 의문사를 활용한 놀이를 함께해보길 추천합니다. 엄마가 아이에게 질문형 동요를 한 소절 불러주면 아이가 사물의 이름이나 정답을 말하게 해보세요. 이에 익숙해진다면 정답을 말하는 것을 넘어 다른 대답을 고민해보는 시간을 갖게 해주는 것도 좋습니다.

예를 들어 동요 〈겨울바람〉(백순진 작사·작곡)을 활용하면 아래와 같은 놀이가 가능합니다.

손이 시려워 발이 시려워, 〈왜?〉 → 엄마 가창
겨울바람 때문에 → 아이 가창

'손이 시려워 발이 시려워'라는 한 소절을 엄마가 부르면서 바로 이어 '왜?'라는 의문사를 넣고 한 박자 쉬어줍니다. 그러면 아이가 엄마의 질문에 대답하듯 '겨울바람 때문에'라고 부르고 이어서 손뼉을 세 번 칩니다.

이렇게 엄마가 조금 어려운 한 소절을 부른 후 질문하고, 아기는 대답하듯 다음 한 소절 부르고 손뼉을 치는 방법으로 노래를 불러볼 수 있습니다.

> 우리 집에 왜 왔니 왜 왔니 왜 왔니 → 엄마 가창
> 꽃 찾으러 왔단다 왔단다 왔단다 → 아이 가창
> 무슨 꽃을 찾으러 왔느냐 왔느냐 → 엄마 가창
> 장미꽃을 찾으러 왔단다 왔단다 → 아이 가창
> 가위 바위 보 → 함께 가창
>
> 〈우리 집에 왜 왔니〉(작사·작곡 미상) 중에서

한 소절씩 나누어 노래를 주고받을 때는 대화체 노래를 선택하면 유아의 흥미를 끌 수 있습니다. 엄마가 질문하는 소절을 노래하면 이어서 아기가 대답하듯 노래하는 방법입니다. 이렇게 한 소절씩 나누어 부르면 아이가 노래 부르는 것에 대한 부담감을 덜어서 가벼운 놀이처럼 동요를 즐길 수 있습니다.

원곡에 익숙해지면 노랫말을 바꾸어서 불러볼 수 있습니다. 예를 들어 전래 동요 〈우리 집에 왜 왔니〉에서 '우리 집에 왜 왔니?'라는 질문에 대한 답을 '꽃' 대신에 음식이나 동물로 넣어볼 수 있습니다.

만약 '김치'로 개사한다면 '김치 찾으러 왔단다 왔단다'가 되

겠지요. '무슨 김치 찾으러 왔느냐?'라는 질문에 '배추김치 찾으러 왔단다'처럼 김치의 종류를 넣어서 부르면 됩니다.

🎤 내청을 이용하여 노래 부르기

시계는 아침부터 똑딱똑딱 시계는 아침부터 똑딱똑딱
언제나 같은 소리 똑딱똑딱 부지런히 일해요

〈시계〉(작사 미상, 나운영 작곡) 중에서

음악 놀이 중에는 '내청으로 노래 부르기'가 있습니다. 내청이란 마음속으로 부르거나 박자를 세는 것을 말합니다. 내청을 이용하여 노래를 부를 때에는 의성어나 의태어가 있는 노래나 반복되는 단어가 있는 동요를 선택하는 것이 좋습니다. 예를 들어 동요 〈시계〉에서 노랫말 '똑딱똑딱' 부분에서는 소리를 내지 않고 손동작만 하면서 마음속으로 부르는 겁니다.

영유아가 처음 노래를 배울 때는 멜로디와 노랫말을 동시에 배워야 합니다. 이 과정이 그리 쉽지만은 않습니다. 처음에 엄마가 먼저 '시계는 아침부터 똑딱똑딱'을 소리 내어 노래하고 아이는 같은 소절을 똑같이 부르되 '똑딱똑딱' 부분에서는 소리 내지 않고 입만 벙긋거리며 불러보세요.

이렇게 내청을 이용한 동요 놀이를 통해 아이는 엄마와 함께 노래를 부른다는 유대감을 느낄 수 있습니다. 또한 아직 언어 발달이 충분히 이루어지지 못한 영유아가 노랫말 그대로 따라 불러야 한다는 부담감 없이 의성어 '똑딱똑딱'을 귀로 먼저 듣고 입으로 연습해볼 수 있습니다. 더불어 똑딱똑딱이 시곗바늘이 움직이는 소리를 표현한다는 언어적 의미를 자연스럽게 배울 수 있지요.

내청으로 부를 때는 한 번의 놀이로 끝내지 말고 다양한 의성어를 넣어 개사해 불러보세요. '똑딱똑딱' 대신에 '째깍째깍'을 넣어서 소리를 표현하는 방법이 다양하게 있다는 것을 보여주면 됩니다.

소리 내지 않고 부르는 노랫말 부분은 엄마가 아이와 함께 자유롭게 선택할 수 있습니다. 만일 형제가 있다면 한 소절씩 나누어 번갈아 불러볼 수도 있고요. 아이가 노래 부르기를 재미있는 놀이로 인식할 수 있도록 다양하게 변주해 놀아주세요.

노랫말을 바꿔 아이와
한 소절씩 불러보세요

아이와 함께 노랫말을 정하고 한 소절씩 부르며 활용해보세요. 밥을 먹을 때, 놀이를 할 때, 손 씻기를 할 때, 양치를 할 때 등 다양한 상황에서 즐겁게 부를 수 있답니다. 예쁘고 고운 말을 배울 수 있도록 존댓말로 바꾸어 부르는 것도 추천합니다.

화장실   에 왜 왔니 왜 왔니 왜 왔니
손 닦으러   왔어요 왔어요 왔어요
무엇으로 닦으러   왔느냐 왔느냐 왔느냐
비누로 닦으러   왔어요 왔어요 왔어요

아래의 빈칸을 아이와 함께 채워보세요.

_____   에 왜 왔니 왜 왔니 왜 왔니
                 왔어요 왔어요 왔어요
_____   왔느냐 왔느냐 왔느냐
_____   왔어요 왔어요 왔어요

36~48개월(3~4세)
말로 대화가 가능한 단계

한눈에 보는 동요 놀이의 핵심

어떤 동요를 들려줄까?
서사가 담긴 동요
사회 규칙을 알려주는 동요
올바른 생활 습관을 잡아주는 동요

어떤 놀이를 할까?
동요 속 상황에 감정 이입하기
노랫말이나 멜로디를 바꿔 불러보기

생후 47개월을 넘긴 영재는 스파이더맨 캐릭터가 그려진 옷을 입고 거미줄을 발사하는 손동작을 하면서 스파이더맨 흉내를 냅니다. 제가 '멋지네!'라고 칭찬해주면 영재는 바로 스파이더맨으로 변신합니다. 그리고 저에게 스파이더맨 놀이를 하자고 조릅니다. 영재는 스파이더맨이고 저는 악당이 됩니다.

스파이더맨이 된 영재는 손을 쭉 뻗은 채 웅크리고 앉아서 저를 향해 "악당, 내가 너를 물리치겠다"라고 진지하게 소리칩니다. 그러면 저도 "흥! 내가 무서워할 줄 알고? 어디 덤벼봐라!"라며 응수합니다. 그 순간 영재는 세상을 구하는 영웅이 됩니다.

그렇게 신나게 놀던 영재가 갑자기 잔뜩 겁먹은 얼굴로 소리를 질렀습니다. 거미가 나타났다는 겁니다. 다가가서 보니, 아주 작은 거미 한 마리가 벽 모퉁이에 붙어 있었습니다.

제가 거미를 치운 후 "영재는 스파이더맨인데 저렇게 작은 거미를 무서워하면 어떡하니?"라며 장난을 쳤습니다. 그랬더니 영재는 자신은 스파이더맨이라서 커다란 독거미는 안 무서운데, 작은 거미는 무섭다고 하더군요. 엉뚱하고 순수한 영재의 모습이 정말 사랑스럽습니다.

STEP 1 아이의 발달 단계 알기

36~48개월 발달 특징

♪ 논리적 해석과 설명 능력은 부족하지만 상상력이 풍부해서 이야기를 상상해서 말하거나 지어낼 수 있습니다. 자신의 경험과 상상을 타인에게 이야기합니다.

♪ 범주와 짝의 개념이 생깁니다. 물건 분류가 가능해지면서 과일 안에는 사과, 바나나, 귤 등이 포함된다는 것을 알며, '많다 적다', '길다 짧다' 등 상대적 개념도 알게 됩니다.

♪ 과거와 미래를 이해할 수 있고 '나중에', '이따가' 등 시간과 관련된 추상적 표현도 알게 됩니다. 일어난 순서에 따라 사건을 이야기할 수 있습니다.

♪ 타인과의 본격적인 소통이 이루어지며 타인의 감정을 살피기 시작합니다. 집단생활에서 차례를 지키고 규칙을 따를 수 있습니다.

STEP 2 36~48개월 동요 고르기

🎵 서사가 담긴 동요

이 시기의 아이들은 과거, 현재, 미래의 시간과 관련한 추상적 표현의 이해가 가능해집니다. 또한 시간의 흐름에 따른 낮과 밤의 변화도 하나씩 이해해갑니다. 아침에는 해가 떠오르고 저녁에는 달과 별이 하늘을 밝힌다고 표현하기도 하지요. 따라서 이 시기부터는 여러 가지 이야기를 품고 있는 동요를 들려주면 좋습니다.

깊은 밤 별들이 총총히 불을 밝히면
달님이 숨바꼭질하자며 보채요
개골개골 개구리는 연못에 숨고요
둥근 눈 부엉이는 나뭇가지에 숨지요
어디 어디 숨었을까 달님이 울상 짓자
반짝반짝 반딧불이 나 여기 있지 해요

〈숨바꼭질하는 밤〉(김현정 작사, 박수남 작곡) 중에서

동요 〈숨바꼭질하는 밤〉은 밤을 무서워하는 아이를 위해 만들어졌습니다. 아이마다 차이가 있지만 대체로 이 시기 아이들은

캄캄한 밤을 무서워합니다. 환한 대낮에는 모든 것이 선명하게 보이지만, 까만 어둠이 찾아오면 보이지 않는 세상에 대한 막연한 두려움을 느끼지요.

그런 아이들에게 이 동요는 밤이 무섭고 낯설기만 한 세상이 아니라는 것을 보여줍니다. 캄캄하기에 별들이 반짝일 수 있고, 반딧불이 자신의 빛으로 어둠을 아름답게 수놓을 수 있다는 걸 노래로 보여줍니다. 이처럼 내게는 낯선 세상이 다른 누군가에게는 너무나 재미나는 놀이터이고 편안한 집일 수 있다는 내용은 '추상적 서사'이기에 아이에게 부모의 언어로 들려주는 것이 좋습니다.

노래를 부르고, 부모가 노랫말에 직접 살을 붙여 하나의 이야기로 풍성하게 만들어 들려주면 아이가 훨씬 쉽게 이해하면서 상상력을 키울 수 있답니다.

♪ 사회 규칙을 알려주는 동요

뚱뚱한 하마가 뛰어온다
날씬한 기린이 뛰어온다
깊은 숲속에서 부딪혔다
너 때문이야 너 때문이야

둘이는 화가 나서 푸푸푸

뚱뚱한 하마가 뛰어온다
날씬한 기린이 뛰어온다
깊은 숲속에서 부딪혔다
미안 미안해 미안 미안해
둘이는 사이좋게 하하하

〈하마와 기린〉(핑크퐁) 중에서

    이 곡은 아이가 친숙하게 느끼는 동물인 하마와 기린을 소재로 이야기를 펼칩니다. 하마와 기린이 뛰어다니다가 숲속에서 서로 부딪혔어요. 처음에 하마와 기린은 화나서 '너 때문이야'라고 서로를 탓합니다. 그러나 곧 둘은 '미안 미안해' 하고 화해합니다.
    실제 영유아들은 어린이집 교실에서 뛰어다니다가 넘어지거나 부딪혀서 서로를 탓하는 경우가 종종 있습니다. 이러한 갈등 상황이 일어났을 때, 아이들이 어떤 행동과 태도로 문제를 해결하는 것이 좋은지 노랫말을 통해 이야기하고 있습니다.
    아이들에게 일어날 수 있는 갈등 상황을 슬기롭게 해결하자는 메시지를 담은 동요 〈하마와 기린〉의 이야기를 동화처럼 먼저 들려주면 아이는 노랫말을 훨씬 쉽게 받아들이고 흥미를 느끼게 됩니다.

♪ 올바른 생활 습관을 알려주는 동요

보글보글 비누 거품

구석구석 문질러요

오른손 왼손 손목까지

사이사이 사이사이로

손바닥 손바닥 마주 대고 문질러요

손등에 손바닥 대고

사이사이 사이사이로

손가락 손가락 깍지 끼고 문질러요

손가락 손톱 밑도

사이사이 사이사이로

뽀득뽀득 손을 씻으면

더러운 세균맨 안녕

〈손씻기송〉 〈핑크퐁〉 중에서

어린이집에서 아이들은 점심 식사 시간과 오후 간식 시간에 반드시 손 씻기를 합니다. 대체로 3~4세 영아들은 혼자서도 잘 씻지요. 그런데 유독 손을 깨끗하게 씻는 아이가 있었습니다. 다른 아이들은 물에 손만 적시는 경우가 많은데, 손가락 사이사이를 꼼꼼하게 씻고 헹궜지요. 너무 기특해서 "한석이, 손을 잘 씻는구나. 엄마가 손 씻는 법을 잘 알려주었네!"라고 칭찬하자, 손 씻기 동요를 보았다며 웃었습니다.

한석이의 말처럼 손 씻기 동요와 같은 기본 생활 습관을 노래로 알려주는 동영상이 아주 많습니다. 동영상 시청 시간을 잘 조절하여 활용하면 한석이처럼 자연스럽게 손 씻는 생활 습관을 배울 수 있습니다.

이 밖에도 올바른 양치 습관을 알려주는 양치 노래, 차례를 잘 지키는 차례차례 노래, 식사 예절을 알려주는 식사 예절 노래와 같은 동요를 활용하여 아이의 기본 생활 습관을 지도할 수 있습니다.

다만 여기에는 주의할 점이 있습니다. 반드시 동영상을 부모와 함께 보고, 한 번에 두 번 이상을 반복해서 보지 말아야 합니다. 노래가 포함된 동영상을 한 번 보여주고 "이제, 그만. 한 번만 보는 거야"라고 말해주세요. 그리고 방금 본 손 씻는 법 혹은 차례를 지키는 법 등의 내용을 아이와 함께 이야기하며 정리하는 시간을 가져야 합니다.

이러한 노래 동영상은 아이의 생활 습관을 지도하겠다는 분명한 교육적 목표를 담고 있습니다. 자칫 엄마의 잔소리처럼 들리는 생활 습관을 영상과 노래의 힘을 빌려 아기에게 전달하는 것이지요. 따라서 좋은 점은 취하되 영상이 주는 단점은 피하면서 적절히 활용하기를 추천합니다.

STEP 3 36~48개월 동요 놀이법

🎤 동요 속 상황에 감정 이입하기

딩동댕 초인종 소리에 얼른 문을 열었더니
그토록 기다리던 아빠가 문 앞에 서 계셨죠
너무나 반가워 웃으며 아빠 하고 불렀는데
어쩐지 오늘 아빠의 얼굴이 우울해 보이네요
무슨 일이 생겼나요 무슨 걱정 있나요
마음대로 안 되는 일 오늘 있었나요
아빠 힘내세요 우리가 있잖아요
아빠 힘내세요 우리가 있어요 힘내세요

〈아빠 힘내세요〉(권연순 작사, 한수성 작곡) 중에서

〈아빠 힘내세요〉는 어린이뿐만 아니라 어른들에게도 많은 사랑을 받는 동요입니다. 노랫말 속 아이는 퇴근해 돌아오는 아빠를 기다렸습니다. 그런데 아빠의 얼굴에는 환한 웃음 대신 우울한 표정이 어려 있습니다. 평소와 다른 아빠가 걱정된 아이는 이런저런 생각을 하다가 위로의 말을 건넵니다.

"아빠 힘내세요. 우리가 있잖아요."

아이가 동요의 내용을 충분히 이해하지 못했을 때는 이야기를 들려주듯 상황을 설명해주시면 됩니다.

"일을 마치고 집으로 돌아오는 아빠를 기다리는 아이가 있었어. 그런데 어느 날은 아빠가 우울해 보였지. 평소와 뭔가 달라 보였어. 그래서 아이가 아빠에게 위로의 말을 건네주는 거야. '아빠 힘내세요. 우리가 있잖아요'라고. 우리 수연이도 엄마가 힘들 때, 이 친구처럼 엄마를 위로해줄 수 있을까?"

이처럼 부모가 동요 속 이야기를 아이에게 풀어주면, 아이는 노래의 주인공이 처한 상황을 이해하게 됩니다. 또한 감정을 나타내는 '우울'이나 '걱정', 힘들어하는 상대에게 건네는 '위로' 등을 간접적으로 배우게 됩니다.

문학을 읽을 때 주인공에게 감정이입이 되면 독자는 책을 훨씬 재미있게 읽을 수 있지요. 노래도 마찬가지입니다. 노래하는 주인공이 바로 나라고 느껴지면, 노랫말 속 어휘와 표현에 몰입하게 되고 쉽게 이해하며 습득할 수 있습니다. 일상에서 사용하는 단조로운 말 대신 감성 충만한 표현을 자연스럽게 사용할 수 있게 됩니다.

🎙 노랫말이나 멜로디를 바꿔 불러보기

영유아는 노래를 부르면서 자기가 경험한 상황이나 대상에 관한 생각을 표현할 기회를 얻습니다. 노랫말이나 멜로디를 자기 생각이나 기분에 따라 바꿔 불러보기도 하고 그것에 어울리는 율동을 만들어 움직여보기도 합니다. 이러한 과정을 통해 영유아는 자신만의 독특한 창의성을 발달해나갑니다.

앞서 살펴본 동요 〈아빠 힘내세요〉는 영유아가 한 곡 전체를 부르기에는 길이가 길고 음역대도 높습니다. 그러나 노랫말 속에 녹아 있는 이야기 자체는 아이가 일상생활에서 자주 경험하는 내용입니다. 또한 멜로디가 경쾌하면서도 감성적이어서 아이뿐만 아니라 성인들에게도 공감을 불러일으킵니다. 그런 이유로 아이들이 가정에서 많이 듣는 곡이지요.

이런 동요는 아이에게 한 곡을 모두 부르게 하기보다는 주제부인 '아빠 힘내세요. 우리가 있잖아요' 부분만을 함께 부르면서 단어와 문장을 습득하게 하는 것이 효과적입니다. 주제부 소절의 노랫말이 익숙해지면 단어를 바꿔 부르거나 멜로디를 아이가 부르기 좋게 창작하여 불러볼 수도 있습니다.

1) 엄마 힘내세요. 우리가 있잖아요.
2) 아빠 힘내세요. 길동이 있잖아요.

이런 방식의 노래 부르기 활동을 하루에 한 소절이라도 꾸준히 실행해본다면 아이는 자기 생각이나 느낌을 문장 형태로 표현하는 힘을 훨씬 효율적으로 발달시킬 수 있답니다.

48~60개월(4~5세)
대화가 자연스러운 단계

한눈에 보는 동요 놀이의 핵심

어떤 동요를 들려줄까?
동화를 담고 있는 동요
발음 연습을 돕는 동요
감정을 구체적으로 표현하는 동요

어떤 놀이를 할까?
춤추며 노래 부르기
동요로 올바른 행동과 역할 알려주기

고슴도치는 사회성이 부족해 단독생활을 선호한다고 합니다. 또 두려움을 느끼거나 자신이 위험하다고 생각되면 몸을 공처럼 만들어 적으로부터 스스로를 보호하지요. 저는 가끔 아이가 고슴도치로 변신하는 모습을 봅니다. 특히 4~5세 아이들이 그런 마법에 잘 걸립니다.

4세 기호는 혼자 하는 놀이를 많이 합니다. 작은 블록을 바구니에 쏟아붓고 꺼내는 놀이를 반복하면서 자기만의 세상에서 잘 놀았지요. 그런데 점차 기호도 친구들에게 눈길이 갑니다. 다른 친구들이 서로 어울려서 노는 모습을 보면서 함께하고 싶어 합니다. 그러나 아직 자기표현이 서툴고 어울리는 방법을 몰라서 가시만 잔뜩 세운 채 친구들 주위를 맴돕니다. 그러다가 또래 친구가 기호의 놀잇거리를 보고 호기심이 생겨 손을 대면 마구 화를 내며 웁니다. "선생님, 바다가 내 장난감을 빼앗아요"라면서요.

어떨 땐 발을 동동 구르면서 악을 쓸 때도 있습니다. 기호의 반응에 놀란 또래 아이는 그냥 멀어지기도 하고, 반대로 더 강하게 밀어붙이기도 합니다. 그렇게 서로 가시를 세우면서 상대를 공격하고, 같이 놀고 싶은 속마음과는 다른 행동을 하지요.

이때 제가 나서서 아이들이 서로 미처 표현하지 못한 마음을 이야기해줍니다. 고슴도치의 마법은 영원하지 않아요. 아이들은 자기 회복력을 가지고 있답니다. 혼자일 때도 재밌지만 함께 놀 때도 행복하다는 걸 금방 알아차립니다. 그리고 고슴도치에서 사랑스러운 아이로 돌아옵니다.

STEP 1 아이의 발달 단계 알기

48~60개월 발달 특징

♪ 말할 수 있는 문장의 길이가 길어지고 거의 완벽한 문장을 사용할 수 있습니다. 발음 또한 명확해지면서 대화가 자연스럽고 자유로워져 다양한 역할 놀이와 커뮤니케이션 상황을 즐깁니다.

♪ 자기중심적이었던 사고와 행동이 점점 사회적으로 발전합니다. 자신의 기분이나 느낌을 말로 표현할 수 있고 이전보다 감정의 크기나 내용이 다양해집니다. 상대의 말을 이해하고 자신의 의견을 말할 수 있습니다.

♪ 도전 욕구가 생기며 집안일 등의 역할을 부여받으면 차례차례 수행할 수 있습니다. 계획을 세우고 실행하는 행동을 시작하기도 합니다.

♪ 또래들과 함께 노는 걸 좋아하고 다양한 역할 놀이를 즐기기에 또래와의 놀이와 행동에서 충돌 및 갈등 발생이 잦아집니다.

STEP 2 **48~60개월 동요 고르기** ♬

♪ **동화를 담고 있는 동요**

최근에는 명작 동화나 전래 동화 소재를 동요로 만드는 경우가 많습니다. 〈아기 돼지 삼형제〉, 〈늑대와 일곱 마리 아기 양〉, 〈데구루루 삼년고개〉 등이 그 예입니다. 이렇게 동화를 소재로 한 동요가 만들어지는 이유는 동요를 들으면서 동화 읽기가 주는 효과를 미리 체험할 수 있기 때문입니다.

아이들은 동화를 읽으며 자신이 속한 사회를 간접적으로 탐험할 수 있습니다. 주인공의 말과 행동 그리고 주인공을 둘러싼 관습이나 생활상을 통해 나와 나를 둘러싼 세상을 알아가는 겁니다.

동화를 소재로 한 동요는 동화 내용을 단순화한 노랫말과 멜로디를 통해 2분 내외로 동화를 직관적으로 보여줍니다. 따라서 긴 줄거리에 집중하기 어려운 영유아나 동화 내용을 모르는 아이에게도 동화의 메시지나 재미를 미리 맛보게 해줄 수 있지요.

이 밖에도 어려운 과학 지식이나 한자를 쉽게 이해하고 배울 수 있도록 관련 내용을 동요로 만든 곡도 많습니다.

넘어가세 넘어가세 삼년고개 넘어가세

왼발도 조심조심 오른발도 조심조심

넘어지면 삼년밖에 못 산다네

(중략)

데굴데굴 데구루루 데굴데굴 데구루루

삼년고개 굴러보세

〈데구루루 삼년고개〉(한은선 작사, 최유경 작곡) 중에서

동요 〈데구루루 삼년고개〉의 경우, 주로 4~5세 아이에게 들려주기 적합한 소재와 내용이 담긴 창작 국악 동요입니다. 다만 이 동요는 내용이 조금 어려운 편이기에 동요를 들려주기 전에 전래 동화 『삼년고개』에 대한 간단한 배경지식을 알려주어도 좋습니다. 그림책을 이용하여 읽어주거나 부모가 직접 구두로 이야기해주세요.

이렇게 얻은 배경지식은 동요를 들을 때 이해를 쉽게 하고, 듣기의 집중력을 높여줍니다. 누구나 자기가 아는 이야기에 더 잘 공감하니까요. 아이들은 동화 속 긴 이야기를 노래로 부르면서 이야기에 대한 이해력을 높입니다.

♪ 발음 연습을 돕는 동요

4세에서 5세 연령대 아이의 발음이 부정확하다면 양육자가 적

극적으로 관심을 기울여 교정해주는 것이 좋습니다. 물론 특별한 문제가 있지 않은 한 말은 때가 되면 합니다. 그러나 또래 아이들이 급격하게 언어 발달을 하고 있고, 그것을 바탕으로 사회성을 키워가는 시기이기 때문에 부모의 각별한 관심이 필요합니다.

이 시기의 아이는 자기가 말을 잘하는지 못하는지를 압니다. 자신의 어눌한 발음 때문에 상대가 잘 알아듣지 못하고 있다는 걸 인식하고 입을 닫는 때도 있습니다. 하고 싶은 말의 단어를 문장으로 조합하지 못하면 몇몇 단어만 웅얼대다가 답답함에 눈물 짓기도 합니다.

이런 언어적 장벽이 생기면 아이는 자기만의 세상 속으로 도피하려고 합니다. 따라서 아이의 발성 연습을 돕고 발음을 점검해볼 수 있는 동요를 선택하여 반복해 들려주기를 추천합니다.

말썽꾸러기 원숭이 귀를 잡아당기자
원숭이가 이상한 소리를 지르네
아야 아야 어여 오요 우유 으이

〈원숭이〉(최승호 작사, 방시혁 작곡) 중에서

이 노래는 『최승호·방시혁의 말놀이 동요집』에 수록된 동요입니다. 가수 조권의 목소리가 경쾌하고 장난스럽게 아이들의 마음을 훅 잡아당기지요. 이 곡의 백미에 해당하는 소절은 '아야 아야 어여 오요 우유 으이'입니다.

아나운서들도 정확한 발음과 발성을 위하여 매일 자신의 입 모양을 확인하면서 기초 자모음 발음 연습을 한다고 합니다. 이런 노력이 있기에 아나운서의 말하기에서 신뢰감이 느껴지는 것이겠지요. 아이들도 이 동요를 따라 부르다 보면 따로 연습하지 않아도 기초 자모음 발음 연습을 할 수 있습니다.

쌩쌩 겨울바람 녹이고 찾아오는
따스한 봄바람 너를 칭찬해 너를 칭찬해
너를 너를 너를 칭찬해
쌩쌩 겨울바람 견디고 고개 내민
힘센 새싹들 너도 칭찬해 너도 칭찬해
너도 너도 너도 칭찬해
우리 서로 힘 나게 칭찬하자
어깨 으쓱 쿵쿵 딱 엄지 척 쿵쿵 딱

〈칭찬해〉(김현정 작사, 천득우 작곡) 중에서

앞서, 하고 싶은 말을 문장으로 조합하지 못해서 답답해하고 자신감을 잃은 아이에 대해 이야기했습니다. 의사를 전달하기 위해 스스로 단어를 문장화시키는 데 어려움을 겪는 아이라도 완성된 문장을 모방할 수는 있습니다.

동요 〈칭찬해〉처럼 단순하게 조합된 노랫말을 반복하여 부르면서 아이가 자기 문장을 하나씩 만들어갈 수 있도록 해주세요. 문장으로 노래를 부르면 말하기에 대한 자신감이 생깁니다. 핵심은 아이가 노래를 잘 따라 불렀을 때 크게 칭찬해주는 겁니다. 칭찬은 고래뿐만 아니라 아기의 말도 춤추게 만드는 힘이 있습니다.

♪ 감정을 구체적으로 표현하는 동요

이 시기의 아이들은 감정의 크기나 내용이 다양해지기에 기분이 좋다, 나쁘다는 것을 넘어 자기 감정을 구체적으로 표현할 수 있는 어휘를 알려주어야 합니다. 찾아보면 아이가 자신의 감정을 알아차리는 방법이나 그런 감정을 어떻게 표현하면 좋은지에 대해 알려주는 각종 감정 동요 동영상이 많습니다.

아이는 감정 동요를 부르면서 자신이 느끼는 여러 가지 감정의 이름과 느낌을 배울 수 있습니다. 한 가지 당부할 점은 동영상 시청 시간입니다.

우리가 뭔가를 배울 때는 반복 학습이 필수입니다. 그런데 영유아는 아직 뇌와 신체의 발달이 미숙하므로 오랜 시간 동영상을 보면서 반복 학습을 할 수 없습니다. 자칫 동영상의 강한 자극에 중독될 수도 있지요. 동영상은 아이들에게는 양날의 검과 같기에 신중하게 활용하실 것을 당부드립니다.

> 마음이 갑갑할 땐 언덕에 올라
> 푸른 하늘 바라보자 흰구름 보자
> 저 산너머 하늘 아래 그 누가 사나
> 나도 어서 저 산을 넘고 싶구나
>
> 〈흰 구름 푸른 구름〉(강소천 작사, 한용희 작곡) 중에서

아이에게 '감정'에 대해 알려줄 때는 단순히 설명에만 의지해서는 안 됩니다. 예를 들면 기쁨, 화남, 슬픔, 신남과 같은 감정을 표현하는 단어를 알려주고 그것이 실제 어떤 느낌인지 부모와 함께 이야기해보도록 하세요.

그림책을 활용할 수도 있고, 실제 상황을 떠올리며 이야기해볼 수도 있습니다. 그 후에 상황별로 아이가 듣고 싶은 동요를 찾아보는 겁니다. 기쁠 땐 어떤 노래를 듣고 싶고, 슬플 땐 어떤 노래를 듣고 싶은지 아이와 이야기를 나눠보세요.

동요 〈흰 구름 푸른 구름〉을 활용하면 마음이 갑갑할 때를 '마음이 뾰족해질 때', '마음이 쫄깃쫄깃해질 때', '마음이 뽀송뽀송해질 때' 등과 같은 표현으로 바꾸어볼 수 있습니다. 그리고 "그런 감정이 생기면 너는 어떻게 하고 싶니?"라는 질문으로 아이의 상상력을 자극해볼 수도 있습니다.

STEP 3 48~60개월 동요 놀이법

🎤 춤추며 노래 부르기

어린이집에서는 동요를 활용한 신체 표현 활동을 많이 합니다. 음악에 맞춰 손뼉을 치고 신체를 움직이면서 정신적으로는 사물에 대한 판단력과 주의력을 키우고 신체적으로는 근육 발달을 도모하는 것이지요. 이렇듯 음악이 주는 즐거움을 느끼면서 자신의 마음을 신체 활동으로 표현하는 놀이는 아이의 감성을 풍부하게 해주고 성격을 활기차게 변화시킬 수 있습니다.

소심하고 적극적이지 않은 아이들조차도 신나게 노래 부르는 활동을 통해 명랑한 성격으로 변하는 경우가 많습니다. 그러나 이러한 창의적이고 자발적인 신체 표현력은 영유아기인 4~5세에서 절정의 발달 상태를 보이다가 초등학교 입학을 전후로 한 6세 이후부터 감소하게 됩니다(Torrance, 1963; Urban, 1995). 즉 영유아의 성향과 상관없이 음악을 듣고 순수한 즐거움으로 몸을 움직이는 시기는 4~5세 전후라고 보면 되지요.

율동 동요를 선정할 때는 편안한 음역이 좋습니다. 노래만 부르는 단독 활동이 아니니까요. 동요의 길이도 영유아의 흥미나 발달 수준에 맞추어 선택하면 효과적입니다.

유튜브 동영상으로 볼 수 있는 율동 동요는 신체 활동을 시각적으로 보여주기 때문에 어떻게 몸을 움직여야 할지 모르는 영유아나 부모에게 모델링이 될 수 있습니다. 그러나 영유아에게 동영상을 오랫동안 보게 하는 것은 좋지 못하므로 반드시 부모가 함께 시청하며, 동영상 노출 시간은 1회 5분 내로 제한해주세요.

🎤 동요로 올바른 행동과 역할 알려주기

두려움을 이겨내기

아이들은 특정 사물이나 낯선 상황에 대해 두려움을 많이 느낍니다. 예를 들어 강아지나 고양이를 무서워하거나 낯선 사람이 나타났을 때 두려워하지요. 또 친구가 내 장난감을 빼앗아 갈까 봐, 부모가 내가 하고 싶은 것을 못 하게 할까 봐 두려워합니다. 당연한 감정입니다. 무서움을 모른다면 조심할 것이 없고, 그것은 스스로의 안전을 위협하는 행동이 될 테니까요.

그러나 때로는 두려움에 당당히 맞서거나 이겨내려는 용기를 가져야 할 때도 많습니다. 두려움에 압도당하면 소심하게 자기 세계 속으로만 파고들거나 반대로 분노를 표출하는 등의 역반응이 생기기도 하니까요.

노래를 통해 아이에게 '감정 목표'를 부여해줄 수 있습니다. 여기에서 아이가 가져야 할 감정 목표는 '무서워하지 않기'입니다.

〈괜찮아요〉(김성균 작사·작곡), 〈보슬비 내리는 날〉(김현정 작사, 이옥영 작곡)과 같은 동요를 활용해 무서움을 극복할 수 있도록 다독이고 아이에게 용기를 심어주세요.

조금만 기다리기

아이는 자기 욕구에 대한 반응을 즉각적으로 얻기를 바랍니다. 맛있는 딸기를 동생보다 내가 먼저 먹고 싶다든지, TV 속 멋진 장난감을 빨리 갖고 싶다든지 등 자기 욕구에 부모나 어른이 즉각적으로 반응해주길 바라는 것이죠. 물론 생리적 현상처럼 아이의 요구에 빠르게 대처해주어야 하는 부분도 있습니다.

그러나 무한정 아이의 요구 사항을 들어주기는 어렵습니다. 이 시기의 아이들은 때론 자기가 원하는 것을 얻기 위해 기다려야 할 때가 있다는 것을 배울 필요가 있습니다. 이때 부모는 아이에게 '기다리기'라는 감정 목표를 주어야 합니다.

나는야 고치 속 아기 호랑나비
꽁꽁 싸맨 초록집(답답해, 답답해)
날개 펴고 훨훨 날고 싶어 투덜투덜
기다려 조금만 바람이 토닥이네
꽃망울 입 열어 봄노래 할 때까지

〈아기 나비〉(김현정 작사, 정홍근 작곡) 중에서

이러한 감정 목표를 위해 〈올챙이와 개구리〉(윤현진 작사·작곡), 〈엄마 돼지 아기 돼지〉(박홍근 작사, 김규환 작곡), 〈아기 나비〉와 같은 동요를 추천합니다.

질투하는 마음 내려놓기

"저리 가!"

형제자매끼리 자주 주고받는 말입니다. 동생은 언니 오빠가 하는 행동을 끊임없이 따라 해서 인정받고 싶어 하고, 언니 오빠가 가진 것은 무엇이든 자기도 갖고 싶어 합니다. 반대로 큰아이들은 사사건건 자기 행동을 따라 하고 방해하는 동생이 지겨워 죽을 지경입니다. 간혹 부모가 동생을 더 귀여워한다는 느낌이 들면 자기 행동을 포기하고 동생의 행동을 따라 하기도 합니다. 또 불안한 마음에 손톱을 물어뜯는 행동도 하지요.

이렇듯 형제자매는 부모의 사랑을 두고 끊임없이 경쟁하는 관계에 노출되어 있습니다. 경쟁 자체가 나쁜 건 아니지만, 부모의 사랑을 두고 서로 경쟁하고 질투하는 마음은 개선이 필요한 감정입니다.

부모의 사랑은 무한대이기에 빼앗겨서 얻어 가지 못할까 봐 두려워할 필요가 없습니다. 부모의 사랑은 퍼내도 퍼내도 계속 샘솟는 샘물과 같은 것이기에 시기하거나 조바심치지 않아도 된다는 걸 아이들에게 느끼게 해줄 필요가 있습니다.

그래서 부모는 아이에게 '질투하는 마음 내려놓기'라는 감정 목표를 주어야 합니다. 동요 〈내 동생 곱슬머리〉(조운파 작사, 최종혁 작곡), 〈퐁당퐁당〉(윤석중 작사, 홍난파 작곡) 등 형제자매의 정을 느낄 수 있는 노래를 들려주고 아이의 마음을 어루만져주세요.

60개월 이상(5~6세)
읽기와 쓰기가 가능한 단계

한눈에 보는 동요 놀이의 핵심

어떤 동요를 들려줄까?
주제가 다양하고 광범위한 동요
상상력을 자극하는 동요
아이가 말을 안 들을 때 들려주는 동요

어떤 놀이를 할까?
동요와 대중가요 함께 들려주기
영상을 촬영해 엄마와 함께 보기

5세 규환이는 때때로 어린이집에 지각합니다. 잠이 덜 깬 모습으로 올 때도 더러 있지요. 어린이집에 온 규환이는 자석 블록으로 장난감 집을 만들며 놉니다. 놀이에 집중하면서 혼자서 노래를 흥얼거립니다. 무슨 노래를 부르나 싶어 귀를 기울였는데 순간 제 귀를 의심했습니다.

1990년에 발매된 송골매 9집의 수록곡 〈모여라〉를 부르고 있었죠. 다섯 살 아이가 어떻게 저 노래를 알고 있는 걸까요. '회사 가기 싫은 사람 모여라. 학교 가기 싫은 사람 모여라'로 시작해 스스로 노랫말을 개사하여 부르고 있었습니다.

모여라 모여라!
어린이집 가기 싫은 사람 모여라 학교 가기 싫은 사람 모여라
엄마하고 놀아보자 아빠하고 놀아보자
그래! 그래! 그게 좋겠다

규환이가 반복하며 부르는 노래를 듣고 너무나 신기하고 웃겨서 한참을 웃었습니다. 아마도 TV 드라마 삽입곡으로 나온 노래를 들었나 보다고 생각했습니다. 30년 전 노래를 듣고 개사까지 해서 부르다니, 어른이나 아이나 자기 맘대로 자유롭게 놀고 싶은 마음은 똑같은가 봅니다. 규환이가 아침마다 회사에 가는 부모님과 떨어져서 어린이집으로 오는 것이 내심 힘들었겠다는 생각이 들자 안쓰러운 마음에 규환이의 머리를 한번 쓰다듬어주었습니다.

STEP 1 아이의 발달 단계 알기

60개월 이상 발달 특징

♪ 어른의 도움 없이 신체 활동이 가능해 다양한 운동 기술을 활용할 수 있고, 혼자서도 할 수 있는 활동이 많아집니다.

♪ 어른들과 일상적인 대화를 나눌 수 있고 아직 맞춤법은 잘 모르지만 글 읽기가 자연스러워지며 쓰기도 가능해집니다.

♪ 앞뒤 문맥을 통해 모르는 단어의 뜻을 유추할 수 있는 언어 능력이 발달하고, 수수께끼나 끝말잇기 등 언어적 유희를 즐길 수 있습니다.

♪ 아이 스스로 '~라면'이라는 상상을 하면서 놀 수 있게 되어 상상력을 높여주는 자극이 필요합니다.

STEP 2 **60개월 이상 동요 고르기**

♪ 주제가 다양하고 광범위한 동요

이 시기는 전두엽이 집중적으로 발달합니다. 전두엽은 종합적으로 생각하는 정신작용을 관장합니다. 종합적 사고를 한다는 것은 한 가지 사물을 여러 시선에서 보고, 느끼고, 생각하는 것을 말합니다.

아이가 종합적인 사고 능력을 기르기 위해서는 되도록 많은 정보가 필요합니다. 정보는 책을 통해 얻을 수도 있고 경험을 통해 얻을 수도 있습니다. 따라서 이 시기에는 다양하고 넓은 주제에 관해 이야기하고 경험을 쌓는 것이 중요합니다.

아침에 눈을 떴을 때 들리는 새소리를 상상해봅시다. 창문을 열면 시원한 바람이 불고, 나뭇가지에 앉아 짹짹거리는 새들도 볼 수 있습니다. 이때 아이와 함께 새에 관해 이야기해보세요. "저 새의 이름은 무엇일까?", "저 새는 어젯밤 어디서 잤을까?"와 같은 질문을 시작으로 이야기를 확장시킬 수 있어요. 여기서 한 걸음 더 나아가 새들을 보면서 인간이 만들어내는 환경오염으로 주제를 넓힐 수도 있습니다.

예를 들어 새가 자기 깃털을 고르는 모습을 보면서 "새가 간지러운가 봐. 아까부터 자꾸 자기 깃털을 간질이는 것 같아"라는 질문을 아이에게 던져보세요. 최근에는 많은 아이가 아토피 같은 피부 질환을 겪는데, 환경오염도 원인 중에 하나입니다. 우리가 만들어낸 환경오염이 우리 자신뿐 아니라 다른 동물들도 괴롭힐 수 있다는 내용으로 확장하여 이야기를 나눈다면 아이의 공감을 끌어낼 수 있습니다.

> 몰래 버린 공장 연기 검게 물든 하늘 촌
> 참새 가족 딱새 가족 모두 모두 콜록콜록
> 푸른 하늘 쌩쌩 날고픈 하늘 친구 위해
> 깨끗한 공기 기운찬 희망 나누어요
> 우리 모두 사이좋은 지구촌 한 가족

〈지구촌 한 가족〉(김현정 작사, 장윤선 작곡) 중에서

아이와 강에 대해 대화한다면, 강 속에 사는 생물에 관해서도 다음과 같이 이야기를 들려줄 수 있습니다.

"강에는 물고기가 사는데, 그 물고기의 먹이가 되는 플랑크톤이라는 미생물도 살고 있어. 강에는 사람 눈에 보이는 물고기도 살고 있고, 보이지 않는 미생물도 모두 함께 어우러져 살아가는 거야."

실제로 우리 눈에 보이는 것들 외에 눈에 보이지는 않지만 더 깊고 넓은 세계가 있다는 것을 아이에게 알려줄 수 있습니다.

이렇게 생활 속에서 아이와 함께 지구 환경을 주제로 이야기한 후에 동요를 들어보세요. 아이는 노랫말이 주는 메시지를 이해하게 됩니다. 아이는 노래를 반복하여 듣고 부르면서 자연 속에 살아가는 동식물에 대한 공감력을 키우고 환경에 대한 새로운 시선을 갖게 될 겁니다.

♪ 상상력을 자극하는 동요

땅거미 내려앉아 보름달이 고개 내밀면
할머니 집 초가지붕 하얀 박꽃이 피어나네
나폴나폴 나는 노랑나비 날개 접고
왱왱 개구쟁이 꿀벌도 잠이 든 밤
누구를 기다리나 하얀 등을 켠 박꽃
별님도 달님도 함께 기다리네

〈박꽃 피는 밤〉(김현정 작사, 이정희 작곡) 중에서

상상력은 고정된 생각에서 벗어나 어떤 이미지를 머릿속으로 그릴 수 있는 능력입니다. 상상력은 모방에서 시작됩니다. 다른 사람이 상상하는 것을 보면서 자기도 나름의 상상을 해보는 겁니다.

예를 들어 동요 〈박꽃 피는 밤〉은 초가의 지붕이나 담벼락 아래 핀 박꽃을 보고 '꽃이 폈구나'라고만 생각하지 않고, 집으로 돌아올 가족을 기다리는 하얀 박꽃을 달님과 별님이 함께 기다려준다는 작사가의 상상을 노래합니다. 아이에게도 사물을 다양한 시각으로 볼 수 있다는 점을 알려주세요.

상상력을 자극하는 동요를 들려주고 싶을 땐 문학적 상상력이 담긴 창작 동요가 좋습니다. 〈눈 꽃송이〉(서덕출 작사, 박재훈 작곡), 〈누가 누가 잠자나〉(목일신 작사, 박태현 작곡), 〈푸르다〉(박경종 작사, 권길상 작곡) 등을 추천합니다.

♪ 아이가 말을 안 들을 때 들려주는 동요

태아는 엄마에게 고집을 피우지 않습니다. 왜냐하면 엄마와 자신은 한 몸이기 때문입니다. 태아가 성장하여 탯줄을 끊고 세상 밖으로 나와 0세 아기가 되면, 엄마와 아기는 신체적으로 타인이 됩니다.

0세 아기는 이제 엄마에게 고집을 피울 수 있습니다. 그러나 0세 아기가 고집을 피우며 운다면 그것은 아기가 자신의 생존을 보장받고 싶기 때문일 것입니다. 그런데 5세에서 6세 아이가 부모의 말을 듣지 않고 고집을 피운다면, 이제 아이는 신체적으로든 정신적으로든 부모를 타인으로 인식한다는 겁니다.

언어 능력과 인지 능력이 발달하면서 아이는 세상에 대한 자기 나름의 이해가 생기고, 독립적이고 자율적인 자신을 느끼고 싶어 합니다. 쉽게 말해 '내 마음대로 하고 싶어'라는 생각이 싹 트기 시작하는 시기가 오는 것이지요. 이쯤 되면 종종 어른의 말을 무시하고 자기 고집을 부립니다.

이렇게 아이가 부모나 다른 사람의 말을 듣지 않고 고집을 부리는 상황은 크게 두 가지로 나눌 수 있습니다.

첫째는 안전 지시사항을 무시하는 고집입니다. 예를 들어 에스컬레이터를 탈 때는 부모님 손을 잡아야 하는데 그 손을 놓으려 하거나 심지어 혼자서 걸어 내려가려고 하는 때도 있습니다. 이처럼 아이가 안전과 관련한 지시사항을 무시하고 고집을 피울 땐 엄격하게 훈육을 할 필요가 있습니다.

다만 엄격한 훈육에 앞서 부모가 아이에게 미리 안전과 관련한 동요를 들려주어서 스스로 자기 행동을 조절할 수 있도록 도와주세요. 아이가 안전에 대한 자기 통제력을 배울 수 있는 동요는 많이 있습니다.

그중에서 '베이비버스 인기동요 모음'의 〈안전교육송〉 등과 같은 동영상 동요를 활용해서 들려주기를 추천합니다. 동영상 시청 시간만 잘 조절해 보여준다면 백 마디의 잔소리보다 효과적일 겁니다.

둘째는 일상생활 속에서 부모와 아이가 힘겨루기를 하는 고집입니다. 이런 경우 아이는 이름을 불러도 모른 척하거나 끊임없이 새로운 장난감을 사달라고 조르는 등 억지를 부립니다. 내 아이가 왜 이럴까 싶고 부모 입장에서는 상당히 힘든 상황입니다. 이때는 아이가 건강한 자기조절 능력을 키우도록 훈육하면서 긍정적 메시지를 전하는 동요를 들려주세요.

세상이 이렇게 밝은 것은
즐거운 노래로 가득 찬 것은
집집마다 어린 해가 자라고 있어서다
그 해가 노래이기 때문이다.
어른들은 모를 거야
아이들이 해인 것을

〈아이들은〉(선용 작사, 정윤환 작곡) 중에서

예를 들어 동요 〈아이들은〉은 자신이 얼마나 사랑스럽고 멋진 아이인지 알려줍니다. 〈시골 하루〉(권연순 작사, 한수성 작곡)를 통해 부드럽고 안정된 기분을 느낄 수도 있지요. 이러한 긍정적 피드백을 받은 아이는 훈육에서 오는 좌절감을 딛고 '나처럼 멋진 친구가 억지를 쓰면 안 되지' 하는 마음으로 스스로 자신을 통제하려는 의지를 가지게 될 겁니다.

STEP 3 60개월 이상 동요 놀이법

🎤 동요와 대중가요 함께 들려주기

아이가 5세에서 6세가 되면 다양한 음악을 듣고 싶어 할 뿐만 아니라 어느 정도 음악적 취향도 생깁니다. 부모는 자녀가 청소년이 되기 전까지 자극적이지 않고 순수한 노랫말을 가진 동요를 많이 듣고 부르기를 바랍니다. 그러나 아이는 자의든 타의든 대중매체에 쉽게 노출되어 있습니다.

TV나 인터넷이 연결되지 않는 무인도에서 자녀를 키우지 않는 한 어떤 방식으로든 아이는 부모의 음악적 취향을 공유하게 됩니다. 그리고 부모의 음악적 취향이나 육아 방식에 따라 자신만의 독특한 음악적 기호를 가지기 시작합니다.

예를 들어 엄마가 저녁 준비를 하는 시간에 아이는 TV나 유튜브를 보면서 놀 수 있습니다. 이상적인 육아 방법대로라면 엄마는 유튜브를 끄고 아이와 놀아주어야 하지만 집안일을 해야 하는 상황에서는 현실적으로 불가능하지요.

부부 중 한 명이 집안일을 할 때 다른 한 명이 아이와 놀아주면 좋지만 그렇지 못하는 경우가 많습니다. 이런 상황이 오면 어쩔 수 없이 아이에게 영상을 보여줍니다. 이러한 육아 방법이 옳다거나 그르다고 말하기 전에 많은 부모가 겪고 있는 현실임은

틀림없습니다.

　어린이집에서 다양한 아이를 보육하다 보면 굉장히 많은 노래를 부르게 됩니다. 이때 아이들 스스로 애니메이션 〈미니특공대 공룡파워〉의 삽입곡을 부르자고 말하는 경우가 있습니다. 이 애니메이션은 EBS에서 방영된 것으로 삽입곡이 거의 아이돌 노래 수준입니다. 멜로디가 굉장히 빠르게 진행되고, 음도 높아서 어른인 저도 따라 부르기 어렵습니다.

　그러나 아이는 가정에서 본 만화영화 이미지를 떠올리며 노래 몇 소절을 따라 부르면서 온몸으로 춤을 춥니다. 이 아이에게는 노래를 따라 부를 수 있느냐 없느냐는 중요하지 않습니다. 그저 노래를 들으면서 자신이 애니메이션 주인공이 되어 즐기고 싶은 거지요. 이 아이만의 음악적 취향이 생긴 순간입니다.

　이처럼 어린 시절 아이의 음악 취향은 부모의 양육 방식에 따른 대중매체의 노출 범위와 부모의 음악 취향에 영향을 받습니다. 아이의 기질적 성향에 따른 차이는 있겠지만 부모가 트로트를 보고 듣고 따라 부르면, 아이도 트로트에 관심이 커질 것이고, 아동용 애니메이션 삽입곡을 많이 들으면 그 부류의 음악을 좋아할 겁니다. 결국 친숙하고 익숙한 것이 취향으로 바뀌는 경향이 크기 때문입니다.

　따라서 내 아이에게 동요 외에 다른 장르의 음악을 들려주고 싶다고 생각한다면, 부모가 먼저 고민해봐야 합니다. '나는 내 아이가 동요 외에 어떤 종류의 음악을 듣길 기대하는 걸까?'라고 말이지요. 그 질문에 대한 답을 찾은 후 해당하는 음악을 아이에게 직접 들려주거나 부모가 함께 들으면 됩니다.

🎤 영상을 촬영해 엄마와 함께 보기

어린이집에서는 아이들의 사진을 찍거나 동영상을 촬영하는 경우가 종종 있습니다. 그렇게 촬영한 동영상을 아이에게 보여주면 아이는 자신의 모습과 목소리를 영상을 통해 확인할 수 있습니다. 영유아 대부분은 시각적 이미지를 좋아하기 때문에 영상 속 자기 모습에 큰 흥미를 느낍니다. 자기가 나오는 영상을 본 어떤 아이는 자신의 목소리가 다르게 들린다며 신기해하기도 했지요.

영상에 담긴 자기 모습을 본 아이는 입으로 발성하는 노랫소리와 청각으로 들리는 노랫소리가 다르다는 것을 알아차립니다. 객관적으로 자기 목소리를 체험하는 기회를 가지는 겁니다. 아이가 노래하는 모습을 촬영해서 살펴보면 발음과 리듬을 객관적으로 확인할 수 있고 개선할 수도 있습니다.

아이가 노래 한 곡을 완창하는 장면이나 배우는 과정을 영상 일기처럼 기록으로 남겨주세요. 기록이 쌓이면 아이만의 역사가 만들어집니다. 아이가 성장하고 난 후에도 좋은 선물이 되겠지요. 어린 시절 나는 어떤 모습이었는지 그리고 자신이 얼마나 사랑스러웠는지를 알게 될 겁니다. 그렇게 유아 시절의 자신을 보면서 현재와 미래를 더 풍성하게 만들어갈 겁니다.

Chapter 3

동요 자극으로 성장하는 우리 아이

> 언어 자극

말 주머니
채워주기

"우리 아이는 왜 말을 하지 않는 걸까요?"

어린이집에서 보육 교사로 일하며 영유아를 돌보면 부모님들의 걱정 어린 질문을 자주 듣게 됩니다. 특히 아이의 언어 발달에 관한 질문이 많지요.

언어 능력, 그중 말하기는 자기 생각이나 감정을 표현하고 상대방과 의사소통을 할 수 있는 중요한 능력입니다. 따라서 부모는 내 아이가 빨리 말문을 틔워서 부모 혹은 또래 아이와 원활한 의사소통을 했으면 좋겠다는 바람을 갖게 됩니다.

실제 여자아이, 남자아이 할 것 없이 또래보다 말문이 늦게 트이는 아이가 있습니다. 그 이유는 다양합니다. 물론 언어 치료를 받아야 하는 때도 있지만 대개는 아이의 발달 단계상 개인차일 뿐 아무런 문제가 없는 경우가 대부분입니다.

아이가 왜 말을 하지 않느냐고 물었던 어머니의 아이도 언어 발달이 늦다기보다는 말을 안 하고 있는 쪽에 가까웠습니다. 아이가 관심 두는 주제로 이야기를 하면 서툴지만 이야기를 이어 갈 수 있었지요. 의사소통 능력에서도 또래 아이들과 큰 차이가 없습니다. 질문에 대답하지 않은 경우는 대부분 아이가 모르는 분야이거나 관심이 없는 경우가 많았고요.

사실 어른도 자신이 관심 없는 분야를 상대가 이야기하거나 질문을 하면 딱히 할 말이 없어서 침묵하는 경우가 많습니다. 따라서 내 아이가 왜 빨리 말을 하지 않느냐에 대해 답답해하기보다, 아이의 관심이나 호기심을 끌 만한 소재부터 먼저 생각하여 아이의 눈높이에 맞추어 대화를 유도하는 것이 좋습니다.

밥 먹자. 간식 먹을까?

오늘 어린이집(유치원)에서 재미있었니?

동요 들을까?

그림책 읽어줄까?

놀이터 갈까?

꿈나라 갈 시간이다.

이런 간단한 질문부터 시작해 일상생활에서 아이와 어떤 대화를 나누는지 생각해보세요. 아마도 나이가 어릴수록 위에서 언급한 말들에서 크게 벗어나지 않을 겁니다. 이제 막 세상에 태어나 말할 수 있는 어휘 수가 절대적으로 부족한 영유아가 거의 모든 의사소통을 말(언어)로 하는 성인과 원활한 대화를 하기란 불가능합니다.

그래서 부모 혹은 주 양육자와 영유아가 나누는 대화 대부분이 '네', '아니요'로 끝나는 경우가 많지요. 부모가 대화를 이어나갈 적절한 질문을 한다 해도 아이의 나이가 어릴수록 문장의 형태를 갖추어 대답하기란 어렵습니다.

그렇다면 아이의 마음은 어떨까요? 아이가 말을 하지 않는다고 해서 아이의 마음속에 '네', '아니요'라는 대답만 존재하는 것은 아닙니다. 어른과 마찬가지로 다양한 생각, 감정이 소용돌이치고 있지요. 단지 아직 말을 배우지 못해서 표현하기가 어려운 겁니다. 아이도 복잡한 자신의 감정을 이야기하고 싶은데 도통 그 방법을 알 수 없어서 울음과 떼쓰기 등으로 표현합니다.

*

호진이는 말이 거의 없던 아이였습니다. 언어 발달이 **빠른** 편은 아니었고 평소에는 간단한 명사, 즉 그림책 속 동물 이름 '소', '고양이' 등과 같은 단어만 말했지요.

그런데 어느 날 놀랍게도 호진이가 영어 동요를 흥얼거리는 겁니다. 당연히 발음은 정확하지 않지만, 'Where are you? Here I am'과 같은 문장 형태의 말을 노래로 부르고 있었습니다.

영아들은 모방의 귀재입니다. 영어 노랫말을 흥얼거린 호진이에게는 영어 동요가 재미있었고, 또 가정에서 반복해서 많이 들었던 것이 분명합니다. 그래서 자연스럽게 기분이 좋을 때 무의식적으로 흥얼거린 것이지요. 아이에게 다가가서 이 노래를 같이 부른 후, 'Where are you'가 무슨 뜻인지 아느냐고 물었더니 고개를 저었습니다.

이처럼 아이들은 자기가 좋아하는 노래라면, 노랫말의 뜻은 몰라도 무작정 따라 합니다. 멜로디에 얹혀 있는 노랫말을 무의식중에 반복하며 익숙해진 단어를 입으로 말하고 소리와 문장의 형태로 습득하는 것이지요. 이것이 노래의 힘입니다. 이러한 노래의 힘을 빌려 아이에게 말하기에 필요한 어휘와 의사 전달 방법을 알려줄 수 있습니다.

특히 동요를 통해 영유아의 '말 주머니'를 채우는 언어교육은 말수가 적은 부모, 직장을 다녀서 아이와 말할 기회가 적은 맞벌이 부모, 그리고 한국말이 서툰 다문화 가정의 부모에게 도움이 됩니다. 영유아 때부터 언어적 상호작용이 활발하지 않으면 아이의 언어 발달이 다소 늦어지는 경우가 있습니다.

내가 처한 상황이나 성격 탓에 아이의 언어 발달이 지연된다고 느낀다면 부모로서 상당히 마음이 아프겠죠. 그렇다고 해서 갑자기 나의 성격이나 상황을 바꾸기도 어렵고요. 이럴 때 동요를 활용하면 자연스럽게 아이의 언어를 자극시켜 줄 수 있습니다.

아이의 언어 세계 넓히기

앞서 살펴본 대로 부모와 영유아가 일상에서 나누는 대화는 다소 제한된 표현이 반복되는 경향이 있습니다. 이럴 때 의성어, 의태어를 넣은 문장으로 말을 하면 아이가 의성어, 의태어의 개념을 쉽게 익힐 수 있고 좀 더 다양한 표현으로 말할 수 있습니다.

예를 들어 아이가 차를 타고 가는 아빠를 가리키며 "아빠 차"라고 이야기했다면 "맞아, 아빠가 붕붕 차 타고 가지"라든가, 아이가 지나가는 강아지를 발견하고 손으로 가리키면서 "엄마, 강아지"라고 말하면 "와, 귀엽다. 멍멍 강아지가 지나가네"라고 반복하면서 문장을 완성해주는 방식입니다.

부모가 아이에게 다양하고 생동감 있는 표현을 가르치기 위해서는 많은 에너지가 필요합니다. 즉 부모도 늘 새롭게 공부해야 한다는 뜻입니다. 그러지 않으면 어제 했던 말을 오늘 하고, 오늘 했던 말을 내일 반복하게 됩니다. 따라서 언어 민감기 시기를 지나는 아이가 자기만의 언어적 시야를 넓힐 수 있고 생각과 느낌을 제때에, 적절하게 표현할 수 있도록 다양한 단어를 듣고 말하게 할 필요가 있습니다.

여기에서는 일상에서 부모와 아이가 대화할 때 활용 가능한 동요 노랫말 속의 의성어와 의태어를 정리했습니다. 아이와 함께 활용해보세요.

의성어가 잘 살아있는 동요를 따라 불러요

① 개구리

의성어	말의 뜻
개굴개굴	개구리가 연달아 우는 소리

노랫말 속 문장: 개굴개굴 개구리 노래를 한다

관련어 문장: 개구리는 왜 밤에 개굴개굴 울까?

② 꿀벌의 여행

의성어	말의 뜻
윙윙	조금 큰 벌레나 벌 따위가 매우 빠르고 세차게 날아가는 소리

노랫말 속 문장: 윙윙 거칠고 험한 산을 날아가지요

관련어 문장: 잠자리가 윙윙 이쪽저쪽 빠르게 날아요.

③ 강아지

의성어	말의 뜻
멍멍	강아지가 짖는 소리

노랫말 속 문장: 꼬리 치며 반갑다고 멍멍멍

관련어 문장: 강아지가 참새를 보고 멍멍 짖어요.

④ 쥐가 백 마리

	의성어	말의 뜻
	야옹야옹	고양이가 우는 소리

- 노랫말 속 문장: 야옹야옹 고양이 화났지
- 관련어 문장: 쥐는 고양이 울음소리 야옹야옹이 무서워요.

⑤ 뽀로로 자동차 구조대

	의성어	말의 뜻
	에엥에엥	소방차 사이렌 소리

- 노랫말 속 문장: 빨간 자동차가 에엥에엥 불났어요 에엥에엥
- 관련어 문장: 용감한 소방차가 나갑니다. 에엥에엥

의태어가 잘 살아있는 동요를 따라 불러요

① 햇볕은 쨍쨍

의태어	말의 뜻
쨍쨍	햇볕 등이 몹시 내리쬐는 모양

노랫말 속 문장 | 햇볕은 쨍쨍 모래알은 반짝
관련어 문장 | 쨍쨍 갠 날씨가 덥다.

② 손씻기송

의태어	말의 뜻
보글보글	거품이 나며 끓는 모양

노랫말 속 문장 | 보글보글 비누 거품 구석구석 문질러요
관련어 문장 | 보글보글 끓여낸 된장찌개가 맛있다.

③ 산토끼

의태어	말의 뜻
깡충깡충	토끼가 뛰는 모양

노랫말 속 문장 | 깡충깡충 뛰면서 어디를 가느냐
관련어 문장 | 토끼가 깡충깡충 뛰어서 토끼굴 속으로 들어가요.

④ 악어떼

	의태어	말의 뜻
	엉금엉금	몸집이 큰 사람 또는 동물이 느리게 걷거나 기는 모양
노랫말 속 문장	엉금엉금 기어서 가자	
관련어 문장	거북이가 엉금엉금 기어간다.	

⑤ 올챙이와 개구리

	의태어	말의 뜻
	꼬물꼬물	매우 느리게 움직이는 모양
노랫말 속 문장	올챙이 한 마리 꼬물꼬물 헤엄치다	
관련어 문장	발가락을 꼬물꼬물 움직이다.	

> 애착 형성

엄마와 떨어지지 않으려는 아이에게 마음의 안정 찾아주기

"이제 공룡은 선반에 두었다가 나중에 다시 만날까?"

"싫어!"

3세 기철이는 자기 몸집 만한 커다란 공룡 애착 인형을 안은 채 뚱한 표정으로 고개를 돌립니다.

"이제 곧 다른 친구들과 바깥 놀이를 하러 갈 건데, 공룡은 몸집이 너무 커서 데리고 갈 수가 없는걸. 어쩌지?"

보육 교사인 제가 기철이를 살살 달래봅니다. 그러나 기철이는 공룡 애착 인형 없이는 한 걸음도 나서지 않겠다고 버팁니다.

애착(attachment)이란 영아가 부모 혹은 특정한 성인에게 느끼는 정서적 유대감입니다. 애착 대상은 누가 영아를 주로 돌보느냐에 따라 부모가 될 수도 있고, 할머니, 할아버지가 될 수도 있습니다. 꼭 가족이 아니더라도 영아를 주로 돌보는 주 양육자가 애착 대상이 되지요. 이 책에서는 주 양육자를 편의상 엄마라고 가정하겠습니다.

영아는 자신과 안정된 애착 관계를 형성한 엄마에게 절대적 신뢰를 보입니다. 만약 엄마와 잠시 떨어지게 된다면 불안감을 느끼지요. 불안감을 잠시나마 잠재워주는 물건이 바로 '애착물'입니다. 이를테면 애착 담요, 애착 인형 등입니다.

최초의 애착이 시작되는 시기는 평균적으로 생후 6개월에서 3년 정도까지 이어진다고 합니다. 이 시기에 영아와 주 양육자 간의 애착 형성은 정말 중요하죠.

영유아가 어린이집에 입소할 때는 일정 기간을 엄마와 함께 어린이집에서 생활하면서 엄마의 부재 상황을 잘 극복하고 어린이집에 적응하기 위한 시간을 가집니다. 처음에 영아들은 엄마가 없는 낯선 상황을 힘들어하며 울기도 하지만 시간이 지나면서 대부분 잘 적응합니다.

그런데도 하원 시간이 되면 유독 불안감을 느끼면서 안절부절 못하는 영아들이 있습니다. 이 아이들에게는 띵동 하고 울리는 초인종 소리가 마치 엄마가 자신을 부르는 소리로 인식됩니다. 그래서 초인종 소리만 나면 엄마에게 가겠다고 떼를 쓰지요. 사실상 하원 시간에 초인종 소리가 울리면 엄마를 기다리던 영아들의 눈이 교실 문과 교사인 저를 향합니다. '우리 엄마 왔어?' 하는 마음이 그대로 느껴집니다.

*

"엄마 왔어요?"

행동이 얌전하고 말수가 적은 3세 수연이가 다가와서 속삭이듯 묻습니다.

"아니. 재민이 엄마가 왔어요."

재민이 엄마가 왔다는 말에 금세 수연이 얼굴이 시무룩해집니다. 이럴 때 제가 "수연이 엄마가 조금 늦네. 빨리 오시라고 전화해볼까?"라고 제안하면 수연이가 고개를 끄덕입니다. 제가 아이들의 장난감을 들고 수연 엄마에게 전화하면서 수연이와 눈을 맞춥니다. 그러면 수연이도 저를 뚫어지게 쳐다봅니다. 그러다가 "아, 지금 달려오고 있다고요. 빨리 오세요. 수연이가 엄마를 많이 기다리고 있어요"라는 말이 떨어지기 무섭게 수연이 얼굴이 환해집니다. 교사인 제가 자신의 마음을 알아주었고, 엄마가 자신을 데리러 오고 있다는 말을 듣자 안도감을 느끼는 것이지요.

수연이는 엄마와의 신뢰감 있는 애착을 바탕으로 제가 하는 말을 믿고 엄마를 기다립니다. 엄마를 믿는 마음으로 교사인 저도 믿는 거지요. 그러다가 엄마가 오면 '엄마'를 외치며 달려 나갑니다. 그 모습을 볼 때마다 영아와 주 양육자 간의 애착 형성이 얼마나 중요한지 다시 한번 깨달을 수 있습니다.

그렇다면 아이와 부모의 안정적인 애착 관계는 어떻게 만들어 가는 걸까요? 여러 가지 방법이 있겠지만 여기서는 간단하게 세 가지로 요약해보겠습니다. 첫째, 따뜻한 신체 접촉을 포함한 눈빛 교환, 둘째는 일관성 있는 양육 태도를 가지기, 셋째는 영아의 욕구에 민감하게 반응하기입니다.

영아를 키우는 부모라면 한 번쯤은 들어보거나 책을 통해 읽어보았을 겁니다. 그러나 간단하고 당연해 보이는 이 세 가지 방법을 온전히 실천하기란 상당히 어렵습니다. 영아의 양육을 전담하는 주 양육자인 엄마의 정신적·신체적 건강 상태나 주변 상황이 모두 다르기 때문입니다.

그래서 현실에서는 안정적으로 애착 관계가 형성된 영아와 그렇지 못한 영아가 있기 마련입니다. 또한 안정된 애착이 형성되어 있더라도 상황에 따라 분리불안을 느끼는 영아가 있고, 애착 관계가 불안정하더라도 겉으로 드러나지 않는 영아도 있지요.

내 아이를 위한 애착 동요 만들기

앞서 언급한 기철이는 어린이집에 와 있는 동안 애착 관계인 엄마와 떨어져 불안해하고 있었습니다. 그런 기철이의 불안감을 달래주는 애착물이 바로 공룡 인형이지요. 공룡 인형은 기철이에게 엄마처럼 자신을 안전하게 지켜준다는 믿음을 갖게 합니다. 애착물이 주는 긍정적인 효과이지요. 그러나 동시에 공룡 인형은 기철이의 일상 활동을 방해합니다.

공룡 인형처럼 긍정적 안정감을 심어주면서 일상 활동에 지장을 받지 않는 애착물은 없을까를 고민하던 중 기철이가 애니메이션 〈미니특공대 슈퍼공룡파워〉의 OST를 좋아한다는 걸 알게 되었습니다. 기철이가 불안해하거나 심심해할 때 그 노래를 들려주자 불안감을 잊고 노래에 빠져들었어요. 마치 엄마와 함께 노래를 듣던 집으로 돌아간 듯 편안하고 즐거워 보였습니다.

그런데 자세히 보니 〈미니특공대 슈퍼공룡파워〉의 노래는 멜로디는 흥겹고 신났지만, 기철이가 따라 부르기에는 음역대가 높고 템포가 너무 빨랐습니다. 기철이는 노랫말 중 '미니특공대' 부문만 겨우 따라 불렀지요. 그래서 기철이가 좋아하는 캐릭터인 공룡을 소재로 한 동요 〈공룡 따라 해봐요〉를 함께 부르며 기철이의 마음에 다가서려고 애썼습니다.

공룡 따라 해봐요
우, 우, 우, 우!
공룡 따라 해봐요

우, 우, 우, 우!

머리! 머리 흔들어요

흔들흔들!

발, 발을 굴러요

쿵, 쿵쿵!

꼬리! 꼬리 흔들어요

휙, 휙휙!

공룡 따라 해봐요

예!

〈공룡 따라 해봐요〉(핑크퐁) 중에서

동요 〈공룡 따라 해봐요〉는 3~4세 영아도 충분히 따라 부를 수 있는 음역대로 만들어진 곡입니다. 또한 영아들이 좋아하는 캐릭터인 공룡을 소재로 하여 흥미를 일으키면서 익숙한 단어로 조합된 노랫말과 흥겨운 멜로디가 영아들의 감정을 사로잡습니다.

그뿐만 아니라 한 소절이 끝날 때마다 무의미 음절 패턴인 '우우, 흔들흔들, 쿵쿵, 휙휙'이 뒤따라와서 아이들이 다음 소절을 따라 부를 수 있는 여유를 줍니다. 이러한 의미 없는 음절 패턴은 아이들에게 멜로디에 대한 호기심과 재미를 줄 뿐만 아니라 노래를 부르며 율동까지 할 수 있게 해줍니다.

노래를 들려주는 방식은 직접 불러주는 것과 음원 사이트를 통해 들려주는 방법을 시도해보았습니다. 그 후 여러 차례 같은 노래를 반복하여 부르고 율동도 하면서 기철이를 위한 애착 동요를 만들었습니다. 이렇게 만들어진 애착 동요로 기철이는 더 이상 엄마가 없거나 애착 인형이 없어도 불안해하지 않았습니다.

애착 동요에는 다른 애착물에는 없는 여러 가지 장점이 있습니다. 첫째, 휴대할 필요가 없습니다. 아이가 노래할 마음만 있으면 되고, 함께 불러줄 보호자만 있으면 됩니다. 그래서 일상생활을 하면서 애착물이 없어서 불안해할 필요가 없습니다. 둘째, 아이가 애착 동요를 부르면서 불안감을 뛰어넘어 자신감을 가질 수 있습니다. 셋째, 애착 동요는 평생 소장할 수 있습니다. 애착 인형이나 애착 담요와 같은 물건은 낡아서 버려야 하는 순간이 반드시 옵니다. 그러나 한번 만들어진 애착 동요는 아이의 마음속 깊이 뿌리내려 양육자와의 감정적 애착을 더욱 강화합니다.

물론 아이를 안심시키기 위해 억지로 한 곡을 정해서 애착 동요를 만들 필요는 없습니다. 노래는 그 자체로 사람에게 즐거움과 위로를 주는 정서적 안정 효과가 있습니다. 그러니 아이가 불안해할 때 아이가 듣고 싶어 하는 노래나 가정에서 아이와 부모가 함께 들었던 동요를 자주 들려주고 애착을 쌓아도 좋습니다.

> 자존감

자존감
높여주기

슬희는 생후 12개월이 된 영아입니다. 어린이집 정규 보육 시간이 지나면 종일반으로 와서 2~3세 영아와 함께 여러 가지 활동을 합니다. 몸을 움직이는 것이 자유로운 2~3세 영아는 다양한 놀이 활동을 합니다. 막내 슬희는 언니 오빠가 놀이 활동을 할 때 절대 빠지는 법이 없습니다. 혼자 놀다가도 언니 오빠가 그림 그리기 활동을 하면 뒤뚱거리는 걸음으로 다가와 한 자리를 차지하고 앉습니다. 그리고 자기에게도 종이와 색연필을 달라고 선생님을 쳐다봅니다.

슬희는 옆에 앉은 언니의 손놀림을 보며 자기 나름의 그림을 그리기 시작합니다. 때로 종이를 구겨버리기도 하고 책상에 낙서를 하기도 합니다. 그러나 활동이 끝나면 다른 영아들과 함께 함박웃음을 지으며 손뼉을 칩니다. 그림 그리기 결과물에 대한 평가가 아닙니다. 자기도 혼자 힘으로 뭔가를 했다는 것에 대한 칭찬입니다. 다시 말해 '나는 참 멋지구나!'라는 자기 효능감을 표현하고 있는 겁니다.

앞으로도 슬희는 이런 작은 성취들을 통해 자신을 긍정적으로 생각하는 법을 배울 것이고 이것은 자존감의 단단한 뿌리가 되어줄 것입니다.

슬희처럼 영유아들은 성장하면서 작은 것에서부터 성취감을 맛보고 자기 효능감을 느껴야 합니다. 자기 효능감은 캐나다 출신의 심리학자 앨버트 밴듀라(Albert Bandura)가 제시한 개념으로, 어떤 상황에서 적절한 행동을 할 수 있다는 자신에 대한 기대와 신념입니다.

자기 효능감은 자존감을 이루는 한 요소로 파악되기도 합니다. 자존감은 인간이 자기다운 행동과 말을 할 수 있는 근간이 되는 정서입니다. 따라서 아이는 영유아기부터 자신을 믿는 마음을 성장시켜나가야 합니다.

그렇다면 부모는 아이들이 자기 효능감을 느낄 수 있도록 어떻게 도와주어야 할까요? 먼저 아이의 감정과 표현에 충분히 공감하고 긍정하는 것이 중요합니다.

아이에게 긍정심 심어주기

　아동 문학가이자 교육 전문가인 임영주 작가는 『하루 5분 엄마의 말습관』에서 엄마가 아이의 장점을 자세히 말해줄수록 아이의 자존감이 올라간다고 설명합니다.

　아이가 특별히 무엇을 잘해서 칭찬할 거리를 찾는다기보다는 아이의 존재 그 자체로 장점을 찾아주세요. 만약 아이가 손을 잘 닦는다면, "우리 서영이가 손을 꼼꼼하고 깨끗하게 잘 닦았구나. 서영이는 바이러스도 이길 수 있는 건강하고 대단한 사람이구나"와 같이 칭찬해주시면 됩니다.

　아주 사소하고 평범해서 이런 것도 장점이 될까 싶은 것부터 시작해보세요. 핵심은 아이 스스로 나는 장점이 많은 사람이라고 생각할 수 있도록 이끌어주는 것입니다. 이때, 동요 놀이를 통해 스스로의 장점을 찾아볼 수 있도록 함께 놀아주시면 됩니다.

친구야 친구야 나의 친구야
예쁜 미소 착한 맘 나의 친구야
서로 다른 너와 내가 친구 되어서
좋은 생각 행복한 맘 나누었구나

〈이사 가는 친구〉(김현정 작사, 신진수 작곡) 중에서

이런 동요들로 나의 존재 자체가 소중하다는 인식을 갖게 된 아이는 자신감 있게 세상을 탐색하고 긍정적으로 살아가게 됩니다. 어떤 문제에 부딪혀 넘어지더라도 빨리 털고 일어날 수 있지요. 목표를 스스로 이뤄갈 수 있는 힘도 생깁니다.

생각을 잘 표현하는 아이는 자존감이 높다

아이가 자신의 생각을 잘 표현한다는 것은 그만큼 소통력이 뛰어나다는 것과 같습니다. 생각을 잘 표현하면 타인과 의사소통을 잘하는 데 도움이 되고, 이는 리더십을 높여 결과적으로 자존감에도 영향을 주기 때문이지요.

이덕주 언어치료사는 『말이 늦은 아이 속이 타는 부모』에서 "발음이 부정확하여 상대방이 이해를 못하거나, 상황에 맞는 단어를 적절하게 사용하지 못하거나, 단어의 조합을 제대로 하지 못하는 아이들은 자신의 의사를 표현하는 데에 반복되는 좌절감을 경험한다"라고 말합니다.

그러나 언어를 사용해 원활하게 의사소통할 수 있는 아이들은 좌절감 대신 성취감을 맛볼 수 있다고 하지요. 예를 들어 언어로 의사소통할 수 있는 아이는 과자를 먹고 싶을 때 울거나 떼쓰지 않고 "과자 주세요"라는 표현을 통해 원하는 바를 좀 더 쉽게 얻는 겁니다.

또한 사람들은 말을 잘하고 생각을 잘 표현하는 아이에게 귀를 기울이고 집중합니다. 아이도 언어 표현을 통해 원하는 바를 쉽게 잘 이룰 수 있기 때문에 스스로 성취감을 느끼고 자존감이 생깁니다.

똑똑똑 누구십니까
손님입니다 들어오세요
문 따주세요 철-컥
하나 둘 셋 넷

〈똑똑 누구십니까〉(작사·작곡 미상) 중에서

우리나라 전래 동요 중에서 〈똑똑 누구십니까〉라는 곡이 있습니다. 아이가 문밖에서 노크를 하면 안에 있는 아이가 '누구냐고' 물어보고 대답을 들은 뒤 문을 열어주지요. 이처럼 아이들은 묻고 답하는 이 노래를 통해 간단한 문장 말하기 연습을 해볼 수 있습니다.

4세 은하는 혼자 노는 경우가 많았습니다. 혼자서 소리 나는 동요 장난감을 듣거나 퍼즐을 맞추면서 노는 날이 많았지요. 교사나 친구가 말을 걸면 쭈뼛거리며 말을 잘하지 못했습니다.

그러던 어느 날 장난감 집 모형을 가운데 두고 동요 놀이를 했습니다. 은하는 장난감 집 안쪽에 앉아서 아이들을 기다립니다. 그러면 장난감 집 밖에서 또래 친구가 "똑똑"이라는 목소리 초인종을 누릅니다. 은하는 "누구십니까?"라고 노래로 묻습니다. 그러면 또래 친구가 "철수입니다"라고 대답합니다. 친구라는 걸 확인한 은하는 문을 열어주고 철수는 장난감 집 안으로 들어갑니다. 그러면 둘은 서로 한 번 안아주는 것이 놀이 방식입니다.

놀이 방식만 익히면 아이들은 서로 역할을 바꾸어서 반복하며 놉니다. 집 밖에서 노크하는 사람을 친구 대신 늑대나 호랑이로, 또는 도둑, 경찰 등으로 바꾸어서 노래하기도 합니다. 그러면 "들어오세요" 대신 "돌아가세요"라고 개사도 할 수 있죠.

이런 방식으로 은하는 노래를 통해 또래 친구들에게 자기 생각을 표현하는 연습을 했습니다. 비록 이미 정해져 있는 대답이라 할지라도 은하가 직접 또래 친구에게 질문을 하고 대답을 했다는 것이 중요합니다. 또래 친구들이 긴줄넘기를 하는 모습을 부러운 눈으로 보기만 하다가 마침내 용기 내서 기다란 줄 속으로 뛰어 들어간 것과 같습니다. 말을 잘해야 한다는 부담감 없이 웃고 떠들면서요.

그러는 사이에 은하는 때로는 혼자, 때로는 친구들과 함께 놀면서 한층 자신감이 생기고 밝아졌답니다. 이제 은하는 누가 시키지 않아도 먼저 친구들에게 다가가 대화를 하고 즐겁게 놉니다.

소통력

건강한 또래 관계 형성하기

민정이 부모님은 요즘 고민이 많습니다. 생후 42개월 민정이가 최근에 매일 어린이집에서 친구와 다투기 때문입니다. 아이들끼리 놀면서 조금 투닥거릴 수도 있다고 생각했는데, 3~4일이 넘어가자 민정이는 어린이집에 가기 싫다고 아침마다 울면서 떼를 씁니다. 민정이 부모님은 아이의 사회성에 문제가 있는 건 아닌지 진지하게 고민하기 시작했습니다.

많은 부모님이 민정이네와 같은 고민을 합니다. 아이는 태어나서 엄마, 아빠 그리고 가까운 친인척들과 가장 먼저 관계를 맺고 어린이집에 가서 처음 또래 관계를 형성하게 됩니다.

심리학자인 이윤형 교수가 소개한 생애 주기별 관계형성 과정에 따르면 아이들은 대체로 생후 1년 이내에 또래를 인식하기 시작해 세 살 전후로 개개인의 차이를 판단하고 특정 아이에 대한 선호가 발달된다고 합니다. 또래와 놀면서 말하는 방법을 배우고 친구의 말에 집중하고 귀를 기울이게 되지요. 또한 함께 노는 방법, 양보하는 방법을 자연스럽게 익히기 시작합니다.

또래 관계는 독립적인 관계의 첫 시작으로 아동이 태어나서 지금까지 주로 함께해온 가족이라는 양육적이고 의존적인 환경과는 다른 환경입니다. 이러한 또래 관계에서 가장 중요한 것은 바로 '소통'입니다.

장재진 언어치료사의 『하루 5분, 엄마의 언어 자극』에 따르면 0~6세 영유아 시기의 언어 능력의 핵심은 대화와 소통이고, 이것이 언어 발달의 목표이기도 합니다. 소통의 문제는 다른 사람의 말을 들어도 이해되지 않을 때, 타인을 이해시키고 싶은데 적당한 표현이 떠오르지 않을 때 생깁니다. 이럴 때 아이들은 떼를 쓰거나 답답해하지요.

그렇다면 만약 아이가 말을 할 수 있게 된다면 소통이 잘 이루어질까요? 다음 사례를 보겠습니다.

4세 문수는 혼자서 열심히 블록 쌓기를 하고 있었습니다. 그 모습을 지켜보던 또래 친구 우준이가 자기도 블록을 가져와서 문수가 쌓은 블록 위에 하나를 얹었습니다. 그러자 문수가 "하지 마!"라고 쏘아붙입니다. 우준이는 문수의 차가운 태도에 화가 나서 손을 휘저어 문수가 만든 블록을 무너뜨렸습니다. 그러자 문수는 자지러지게 울면서 우준이와 몸싸움을 벌입니다.

우준이와 문수는 평소에 간단한 의사 표현이 되는 영아들입니다. 그런데도 이들 사이에는 소통이 되지 않고 있습니다. 말을 할 줄 몰라서라기보다는 서로의 마음을 알아차리지 못해서 오해가 생겼기 때문입니다. 이런 상황은 두 영아가 상대를 배려하는 마음을 아직 배우지 못했고, 소통이 안 될 때 어떤 방식으로 말과 행동을 해야 하는지 몰라서 발생하는 작은 소동입니다.

우준이는 블록 쌓기를 하는 문수와 같이 놀고 싶었습니다. 그러나 문수는 혼자서 놀고 싶었습니다. 우준이가 행동하기 전에 '같이 놀까?'라는 말을 먼저 했더라면 상황은 달라졌을 수도 있습니다. 만일 문수가 싫다고 했다면 다른 놀이를 하거나 조금 기다리면 되니까요.

"우준아, 문수 눈을 보며 '같이 놀까?'라고 먼저 물어봐야 하는 거야."

제가 우준이를 다독이자 우준이는 뚱한 표정으로 억지 사과를 했습니다. 영유아들은 기본적으로 자기중심적 사고 단계에 있으므로 자기 행동보다는 문수의 차가운 말에 더 집중합니다. 우준이 입장에서는 자기도 상처받았기 때문에 쉽게 미안하다는 생각이 들지 않는 거죠.

위와 같은 사례는 영아들 사이에서 너무나 흔하게 일어나는 일입니다. 이러한 갈등 상황을 겪으면서 영아들이 상황별 소통 방법을 하나씩 알아가게 됩니다. 또래 친구와 갈등을 겪은 아이들에게는 동요 〈꼭꼭 약속해〉를 들려주길 추천합니다.

> 너하고 나는 친구 되어서
> 사이좋게 지내자
> 새끼손가락 고리 걸어서
> 꼭꼭 약속해
> 싸움하면은 친구 아니야
> 사랑하고 지내자
> 새끼손가락 고리 걸어서
> 꼭꼭 약속해
>
> 〈꼭꼭 약속해〉(작사·작곡 미상) 중에서

생활습관송으로 또래 관계를 배우다

어린이집에서 아이들의 눈을 보면 교사 혹은 또래 아이와 장난치며 놀고 싶어 하는 마음이 뿜어져 나오는 것을 느낄 수 있습니다. 그러나 앞서 말했다시피 아이들은 우선 말할 수 있는 단어

수가 성인보다 현저히 적습니다. 생각도 자기중심적 사고 단계에 머물러 있다 보니 말보다는 행동이 앞섭니다.

또래 아이가 장난감을 가지고 노는 모습을 보면 '그 장난감 재밌겠다. 나도 만져보고 싶어'라는 마음속 말이 바로 행동으로 이어집니다. 기어가서 혹은 달려가서 상대방이 가지고 노는 장난감을 거침없이 빼앗는 거죠. 그러면 하나의 장난감을 두고 밀고 당기는 다툼이 시작됩니다. 이유는 간단합니다. 서로 자신의 마음을 표현할 언어적 도구, 즉 어휘를 가지지 못했고 설사 어휘를 안다고 해도 어떤 상황에서 어떻게 조합하여 말해야 할지 배우지 못했기 때문입니다.

이런 상황이 문제가 되는 것은 아닙니다. 일상에서 흔하게 발생하고 영유아 발달 단계상 자연스러운 일이기도 합니다. 그러나 성장하면서 개선해야 하는 문제이지요. 그러한 이유로 소위 '생활습관송'이라 부르는 동요가 만들어지고 있습니다.

사과 사과 맛있는 사과

사과 사과 미안해 사과

미안해

사과 사과 탐스런 사과

아사삭 사과 맛있는 사과

사과 사과 탐스런 사과

맛있어 달콤해 사과!

〈사과? 사과!〉(핑크퐁) 중에서

동요 〈사과? 사과!〉를 들어보면 과일을 표현한 '사과'와 미안하다는 마음을 표현한 '사과'가 영유아의 청각을 지나치게 자극하지 않으면서 따라 부르기 쉬운 음역대로 작곡되어 있습니다. 영유아가 이 동요를 듣고 따라 부르게 되면 자연스럽게 '사과', '맛있는', '탐스러운', '달콤해', '미안해'라는 어휘들을 익히게 됩니다.

그뿐만 아니라 사과라는 단어가 같은 소리이지만 다른 뜻을 가졌다는 것을 알게 됩니다. 굳이 문법적으로 설명하지 않아도 노래로 느끼게 됩니다. 또한 '맛있다' 혹은 '달콤하다'는 긍정적 수식어는 사과의 맛을 연상시키는 단어임과 동시에 다툼이 일어났을 때 서로 사과하면 좋다는 긍정적 메시지를 무의식에 심어 줍니다.

아이가 친구와 다툰다면 지나치게 잘잘못을 따져 혼내지 마세요. 아이들은 아이들이기 때문에 충분히 싸울 수 있습니다. 이때 어른들이 해주어야 하는 일은 왜 서로 배려해야 하는지를 알려주는 것입니다.

아이의 용기를 키워주는 동요 대화법

우리는 매 순간 의사소통을 하며 살아갑니다. 소통은 주로 언어, 즉 말로 합니다. 그래서 남의 말을 잘 알아듣고 자기 생각을 잘 표현하면 의사소통을 잘할 수 있다고 생각합니다. 그러나 말을 잘한다고 해서 의사소통을 잘할 수 있는 것은 아닙니다. '라떼는 말이야' 혹은 '꼰대'와 같은 표현이 왜 생겨났는지 생각해본다면 알 수 있지요.

물 흐르듯 자기 생각과 느낌을 상대에게 유창하게 말한다고 해도 상대가 귀를 닫고 있다면 불통입니다. 뭔가 많은 말을 했고, 고상하고 수준 높은 말도 많았는데 상대가 "그래서 하고 싶은 말이 뭐야?"라고 대답한다면 그것도 불통입니다. 이러한 불통이 어른에게만 있는 일은 아닙니다.

위 사례에서 보듯 영유아들 사이에서도 불통은 흔하게 발생합니다. 상대를 배려하지 못해서 오해를 쌓는 행동은 불통을 만듭니다.

물론 상대를 배려하는 마음만 있어서 해결되는 문제는 아닙니다. 배려는 원활한 소통에서 오는 것이기에 아이들에게 배려하는 마음과 의사소통 능력, 양쪽을 함께 길러주세요. 결국 언어 표현 능력이 있어야만 또래 친구들과 유대감을 형성할 수 있고, 이 관계를 통해 사회성과 자신감, 자존감을 키워나갈 수 있습니다.

　5세 이전의 영유아는 사회성 부족을 크게 걱정할 필요는 없습니다. 그러나 영유아 때부터 공감에 바탕을 둔 소통 방법을 배우면 아이가 성장하면서 사회성이 좀 더 높아질 수 있겠지요.

　사회성의 핵심은 공감, 소통, 배려에 있습니다. 자기중심적인 성향이 강한 아이들은 이를 단번에 이해하기 어렵습니다. 그렇기에 다른 사람들을 배려하고 더불어 살 수 있도록 엄마가 아이의 성향을 잡아줘야 합니다. 다만 억지로 아이를 제재하고 양보하기를 강요하면 아이는 거부감을 느낄 겁니다.

　비난 섞인 잔소리 대신 좋아하는 노래와 율동으로 영유들의 마음을 안아주고 용기를 내라고 다독이는 상호작용이 영유아에게는 훨씬 효과적이라는 것을 꼭 기억해주세요.

> 공감력

나와 타인의 감정을 이해하기

평소 아이가 전자기기를 얼마나 자주, 얼마나 오래 사용하고 있나요? 많은 부모님들이 최대한 유튜브를 덜 보여주고 전자기기를 덜 사용하도록 노력하지만 참 쉽지 않지요.

노르웨이 과학기술대 연구팀은 4~6세 어린이 약 1000명을 대상으로 공감 능력과 관련한 연구를 진행했습니다. 공감 능력 검사는 아이들에게 장난감이 망가진 아이의 이야기를 들려주고 행복·분노·슬픔·중립 중 그 아이의 감정에 알맞은 표정을 고르는 방식으로 진행되었습니다. 연구 결과, 스마트폰이나 TV 등 전자기기를 오래 사용하는 아이가 공감 능력이 떨어진다는 사실이 드러났습니다.

결과를 분석해보니 전자기기 사용 시간이 길거나, 잠자리에서 전자기기를 사용할수록 공감 능력이 더 낮게 나타났습니다. 특히 여자아이가 남자아이보다 전자기기의 영향을 더 크게 받았지요.

기쁨, 슬픔 등 기본적인 감정에 대한 공감 능력은 4~6세 사이에 형성됩니다. 이때 아이는 부모와 쌍방향 소통을 통해 공감 능력을 배웁니다. 그러나 전자기기는 일방적인 소통만 가능해 아이들이 공감 능력을 형성하는 데 도움을 주지 못합니다. 이 때문에 세계보건기구(WHO)는 5세 미만 아동은 전자기기를 하루 최대 1시간만 사용할 것을 권고하고 있습니다.

공감 능력은 아이가 살아가면서 나와 타인의 감정을 이해하는 데 굉장히 중요합니다. 그렇다면 아이의 공감 능력을 어떻게 키워줄 수 있을까요?

공감 능력은 타인의 감정을 유추하고 이해하는 데서 길러집니다. 다른 사람의 감정이 어떤지, 왜 그런 감정이 드는지 알아야 하지요. 자기중심적 사고가 강한 아이들이 타인의 감정을 인식하고 이해하는 것은 어려운 일입니다. 그래서 조금씩 공감 습관을 들일 수 있도록 노력해야 합니다.

김지연 아동심리치료 전문가는 아이의 공감 능력을 키우는 방법으로 '동화책으로 타인의 감정 읽기'를 권합니다. 특히 그는 아이들의 사회성이 좋다는 것은 친구가 많다는 의미가 아니라 한두 명의 친구와도 관계를 잘 맺어서 갈등 상황에 유연하게 대처하고 문제를 풀어나가는 것을 의미한다고 말합니다. 그러기 위해서는 스스로의 감정도 인식하고, 타인의 감정도 읽을 줄 알아야 하지요.

김지연 전문가는 동화책 속 상황에서의 감정에 대해 아이와 다음과 같은 대화를 해보자고 제안합니다. 만약 토끼가 미끄럼틀을 타려고 하는데 늑대가 새치기를 해서 토끼가 울고 있는 내용의 책을 읽는다고 가정해봅시다. 이때 아이에게 이런 질문을 할 수 있지요.

"토끼는 왜 울고 있을까?"
"토끼는 늑대에게 어떤 기분이 들었을까?"
"늑대는 왜 새치기를 하고 싶어 했을까?"
"울고 있는 토끼를 보고 늑대는 어떤 기분이 들었을까?"*

아이는 직접 토끼와 늑대가 되어 각자의 상황에 감정을 이입하고 어떤 마음이 드는지 깨달을 수 있습니다. 물론 이런 대화가 한 번에 바로 성공하지 않을 수도 있습니다. 동화책 한 권을 함께 읽고 동화책 속 상황을 이해할 수 있도록 아이와 부모가 꾸준히

---

* 김지연(2018), "동화책으로 내 아이의 공감능력 키우기", 베이비뉴스 참조. https://www.ibabynews.com/news/articleView.html?idxno=68210

연습해야 합니다.

  그래서 저는 동화책을 활용하기에 앞서 같은 방법으로 동요를 통해 공감 능력을 키워주는 것을 추천합니다. 동요와 그림책을 번갈아가며 아이와 대화를 이어간다면 아이 또한 지루하지 않고 재미있게 활동에 참여할 겁니다.

나는야 고치 속 아기 호랑나비
꽁꽁 싸맨 초록집(답답해 답답해)
날개 펴고 훨훨 날고 싶어 투덜투덜
기다려 조금만 바람이 토닥이네
꽃망울 입 열어 봄노래 할 때까지
내 몸은 꿈틀꿈틀 내 맘은 콩닥콩닥

〈아기 나비〉(김현정 작사, 정홍근 작곡) 중에서

  동요 〈아기 나비〉를 아이와 함께 듣는다고 가정해봅시다. 동요를 듣고 다음과 같은 질문을 해볼 수 있습니다.

"아기 나비는 왜 고치 속에 들어 있었을까?"
"고치 속 아기 나비의 마음은 어떨까?"
"만일 네가 아기 나비라면 고치 속에서 어떤 생각을 했을까?"
"아기 나비가 훨훨 날았을 때 어떤 기분이 들었을까?"

동요는 길이가 짧고 쉬운 언어로 되어 있기에 집중하는 시간이 짧은 아이가 내용을 효과적으로 이해하고 활동을 끝까지 해 나갈 수 있습니다.

이처럼 부모와 아이가 동요 한 곡을 듣고 동요 속 아기 나비가 되어서 자기 감정을 이야기하고 공감하는 시간을 가져보세요. 나와 타인의 감정을 이해하는 좋은 밑거름이 될 겁니다.

엄마가 먼저 아이의 마음 알아주기

아이는 태어나서 엄마를 제일 먼저 만납니다. 엄마와 어떻게 관계 맺고 어떤 상호작용을 하느냐에 따라 아이의 공감 능력과 사회성이 결정됩니다. 아이는 최초의 소통 대상인 엄마를 통해 세상을 바라봅니다. 즉, '엄마는 이런 존재이구나', '엄마는 내가 배고프다고 울면 우유를 주는구나'와 같은 방식으로 자신과 주변인을 이해하기 시작합니다.

그래서 엄마들은 아기와 눈을 맞추며 안정적이고 신뢰감 있는 상호작용을 하려고 노력합니다. 아기의 신체적·정신적 욕구를 해소해주면서 틈틈이 그림책도 읽어주고 이야기도 나눕니다. 그러나 아이들은 그림책에 집중하는 시간이 아주 짧습니다. 그리고 일상의 대화만으로는 추상적 개념을 이해시키기가 쉽지 않습니다. 그래서 아이가 부모의 뜻에 따라주지 않을 때 잔소리나 꾸중의 방식으로 문제를 해결하려는 경우가 많습니다.

최근에는 유튜브 채널에서 바른습관송, 생활습관송, 인성발달송 등과 같은 동요를 다양하게 선보이고 있습니다. 이러한 영상에는 선명한 색감과 귀여운 캐릭터가 등장하기 때문에 영유아의 시각적 관심을 쉽게 끌어낼 수 있습니다. 또한 흥겨운 멜로디 속에 교육 메시지가 담겨 있어 아이들에게 여러 가지 상황에 따른 말과 행동 방식을 알려줄 수 있습니다.

*

"어, 민지다!"

4세 남자아이인 승철이는 또래 여자아이 민지를 놀이터에서 보았습니다. 같은 어린이집에 다니지는 않았지만 아는 사이인 것이 분명했습니다. 승철이는 제 손을 잡고 모래 놀이에 빠진 민지 주위를 맴돌았지만 선뜻 다가서지 못했습니다. 저는 승철이에게 "민지랑 같이 놀까?"라고 말했지만 승철이는 고개를 저었습니다.

"우리 승철이 부끄럽구나!"라는 말에 승철이는 수줍은 미소를 띠며 고개를 끄덕였습니다. 마침 가까이 있던 민지 엄마가 우리가 나누는 대화를 들었습니다. 민지 엄마는 쭈뼛거리는 승철이의 마음을 알아차리고 민지 귀에 무슨 말을 속삭였습니다. 그러자 민지가 승철이를 돌아봤습니다.

"너도 모래 쌓기 할래?"

민지의 시원한 말 한마디에 승철이는 용기를 내고 민지 곁에 앉아 놀기 시작했습니다. 승철이는 "우유 주세요", "쉬하고 싶어요" 등과 같은 일상생활에 필요한 말은 곧잘 합니다. 그러나 감정을 표현하는 말에는 아직 서툴렀던 겁니다.

그 후 저는 승철이에게 부끄러움을 극복할 용기를 심어주고 싶었습니다. 그래서 그림책 『부끄러움아, 꼭꼭 숨어라』를 읽어주며 부끄러움과 용기에 관해 이야기해주었습니다. 그러자 승철이는 그림책에서 말하고자 하는 주제보다는 그림에 더 집중했습니다. 자기가 좋아하는 그림 위주로 잠시 보다가 이내 흥미를 잃고 다른 책을 가져왔습니다. 부끄럼을 타는 캐릭터가 여자아이이어서 더 감정이입이 안 되는 듯 보였습니다.

그래서 이번에는 승철이의 부끄러워하는 마음에 용기를 더해줄 동요를 찾아보았습니다. 메시지 전달이 직관적이고 멜로디가 신나는 동요를 찾다가 〈(트니트니)부끄럽지 않아요〉라는 노래를 알게 되었습니다.

저는 주로 초등학생들을 대상으로 하는 순수 창작 동요를 만듭니다. 초등학생을 위한 노랫말을 쓸 때는 직접적인 감정 단어를 피하는 경향이 있습니다. 초등학생은 '부끄 부끄 부끄 부끄럼쟁이 토마토'와 같은 표현의 노랫말이 유치하다고 생각하기 때문입니다.

그러나 이런 직접적인 언어가 영유아에게는 적합한 노랫말입니다. 토마토의 붉은 색깔은 부끄러운 마음이 생길 때 붉어지는 영유아의 얼굴과 마음을 시각화해줍니다. 그리고 마음속에 숨어 있던 감정, 즉 '부끄럽다'라는 말을 노래로 말해버림으로써 부끄러운 감정을 털어버리는 효과까지 있지요.

'먼저 인사하지 않아요, 엄마 뒤에 숨어버려요'와 같은 표현은 영유아의 행동을 묘사합니다. 아이의 시각에서 보면 쉽게 공감할 수 있는 노랫말이어서 흥미가 생겨 따라 부르기에도 거부감이 없습니다.

'연습해봐 용감해질 수 있어요'라는 노랫말은 이 동요의 주제부이자 제가 승철이에게 하고 싶은 말이기도 합니다. 이 동요를 승철이에게 들려주자, 우선 신나는 멜로디에 반응을 보였습니다. 노랫말이 쉬워서 몇 번 반복해 듣고 연습하니 금방 따라 불렀습니다.

승철이가 이 노래를 듣고 따라 부른다고 해서 갑자기 부끄러움 많은 성격이 달라지지는 않습니다. 그러나 노래를 부를 때 몸을 흔들고 자기감정을 발산했던 경험 그리고 선생님과 눈을 맞추고 웃었던 기분 좋은 상호작용은 의미가 있습니다.

공감 능력을 키워주는 것도 중요하지만 이처럼 아이의 마음에 공감해주고 감정을 보듬어주는 것도 굉장히 중요합니다. 공감받고 자란 아이가 타인을 공감할 수 있습니다.

> 발성 능력

또박또박 자신감 있는 목소리 만들기

"서은이가 좋아하는 동물 이름을 말해볼래?"

"강아지."

서은이는 기어들어 가는 목소리로 겨우 입을 엽니다.

"뭐라고? 좀 더 크게 말해볼래?"

서은이는 입만 벙긋거리며 더는 대답하기를 거부합니다.

서은이는 4세 영아입니다. 위 사례는 서은이가 어린이집 선생님과 대화할 때 일어난 상황이지요. 대개 4세 영아는 '강아지, 컵, 우유, 주세요, 먹고 싶어요'와 같은 사물의 이름이나 동사형 어구를 자유자재로 말합니다.

서은이의 경우도 말을 못 하는 것이 아닙니다. 자신이 아는 것을 대답할 때 자신감 있게 말하지 않는다는 것뿐입니다. 서은이는 평소 부끄러움이 많고 완벽을 추구하는 기질이 있습니다. 이러한 기질을 가진 영아들은 말을 잘 하지 않는 경향이 있습니다. 부끄러움이 자신감으로 바뀔 때까지, 혹은 매끄럽게 말을 잘할 수 있을 때까지 기다리는 거죠.

이러한 성향을 지닌 영아는 말하기 연습이 부족해 발성이 작고 발음이 부정확합니다. 이렇게 말하게 되면 듣는 이를 집중시키지 못합니다. 그러다 보니 자기의 요구 사항이 무시되는 경우가 종종 발생하죠. 그러한 경험은 때때로 아이에게 본능이 먼저 앞서나가도록 부추깁니다. 자신의 뜻이 잘 전달되지 않을 때 울고 화내고 짜증을 내는 것이지요.

아무리 부끄러움이 많아도 아이는 아이입니다. 진짜 가지고 놀고 싶은 장난감이 있을 때 말로 제대로 표현하지 못하고 그냥 다른 아이가 가지고 노는 장난감을 뺏어 오는 경우가 있지요. 그러면 이제 서로 울음바다가 되며 갈등을 겪기 시작하는 겁니다.

*

"나, 이 블록 가져가도 돼?"

승기가 블록을 가지고 놀고 있는 우진이에게 묻습니다. 우진이는 블록과 승기를 번갈아 보며 잠시 머뭇거렸지만 이내 대답합니다.

"그래."

승기는 자신이 원하는 장난감을 손에 쥐고 함박웃음을 짓습니다.

승기는 평소 말을 잘하는 영아이기도 하지만 비교적 정확한 발음으로 말합니다. 승기는 다른 친구가 먼저 가지고 놀고 있는 장난감으로 놀고 싶을 때, 반드시 상대에게 허락을 받아야 한다는 사실을 압니다. 부모든 선생님이든 항상 이야기하니까요. 자기가 배운 바를 말로써 정확하게 표현하고 자신이 원하는 것을 얻어 가는 것이지요.

이처럼 어릴 때부터 적절한 발성법을 익혀 전달력 있는 좋은 목소리로 말하는 방법을 배우면 승기처럼 자신감 있게 자기 생각을 말할 수 있습니다. 서은이도 성장하면서 말하는 방법이 점점 개선되고 달라질 겁니다. 서은이는 내적 잠재력이 풍부한 아이입니다. 이런 아이가 놀림이나 꾸중이라는 형태로 상처를 받아서 마음의 문을 닫아버리면, 잠재력은 신기루처럼 사라져버릴 수도 있습니다. 그래서 4세인 지금부터 달라질 수 있도록 부모님이 도와주어야 합니다. 지금부터라도 또박또박 자신감 있는 목소리로 말하는 발성 연습을 해야 하지요.

그렇게 된다면 초등학교라는 좀 더 큰 집단에서 사회생활을 시작할 때 부정확한 발음과 너무 작은 목소리로 인해 놀림받거나 상처받는 일을 줄일 수 있을 겁니다.

그렇다면 어떻게 또록또록한 발성과 부드럽고 듣기 좋은 목소리를 낼 수 있을까요? 방법은 여러 가지가 있습니다. 아이들에게는 동요를 활용해 즐겁게 놀면서도 자연스럽게 발성을 연습하는 방법을 추천합니다.

특히 '동요 따라 부르기'를 통해 듣기 좋은 목소리로 자기 생각과 감정을 전달하는 방법이 있습니다. 아이와 함께 하루에 한 곡씩 동요를 불러보세요. 아래의 세 가지 사항을 주의하며 부르면 자연스럽게 발성이 좋아질 겁니다.

♪ 아이의 음역에 맞는 즐겁고 흥겨운 동요 고르기

'웃으면 복이 온다'라는 말이 있습니다. 웃음 자체는 우리의 마음을 안정시키고 스트레스를 줄여줍니다. 즐겁고 흥겨운 멜로디를 따라 부르면서 마음속 긴장을 완화하는 법을 배우고, 밝고 희망찬 노랫말을 직접 입으로 표현하고 귀로 들으면서 즐거움과 자신감을 느낄 수 있습니다.

♪ 복식호흡으로 노래하기

복식호흡을 하면 소리에 들어가는 힘이 목이 아니라 배에서 나옵니다. 목은 단순한 통로 역할을 하게 되는 것이지요. 동요를 부를 때 목이나 코에서 나오는 소리가 아닌 배에서부터 나오는 울림 있는 소리로 노래를 부르면 올바른 발성 습관을 익힐 수 있고, 그것은 듣기 좋은 목소리를 만드는 첫 단계가 됩니다.

♪ 큰 목소리로 따라 부르기

큰 목소리로 따라 부르면 스트레스가 해소될 뿐만 아니라 심폐 기능 강화에 도움이 됩니다. 인간은 호흡할 때 산소를 들이마시고 이산화탄소를 내뱉습니다. 뇌의 활성화를 위해서는 좋은 공기를 많이 흡입하여 산소를 충분히 공급해야 하는데 일상생활을 하면서 심호흡만을 지속할 수는 없겠지요. 그래서 노래 부르기를 추천합니다. 노래를 부르는 것만으로도 1500~1800cc의 폐활량이 사용된다고 하니, 큰 목소리로 노래를 부르는 것은 가슴호흡과 복식호흡, 심폐 기능의 강화에 도움을 줍니다.

다만 큰 목소리로 노래를 부르는 것은 악을 쓰며 노래를 부르는 것과는 다릅니다. 아이가 목이 쉴 정도로 노래한다면 부모가 부드러운 목소리로 노래하는 모습을 보여주세요. 부모는 가수가 아니기에 조금 서툴러도 괜찮습니다. 또한 동요의 음높이는 아이들 성대를 보호하기 위해 그리 높지 않답니다. 그러니 편안한 마음으로 부모가 모델이 되어 지도해주세요.

'노래 부르기'는 신체를 악기로 한다는 점에서 다른 음악 행위와는 구분되는 특성이 있습니다. 다시 말해 성장 중인 아이의 성대가 지나치게 높은 음역이나 낮은 음역으로 노래를 부르다간 손상을 입을 수 있다는 것이지요. 아직 성대가 다 자라지 않은 어린이가 고음 또는 기교가 필요한 대중가요를 부르면 성대를 다칠 수 있으므로, 아이가 대중가요보다는 동요를 즐겨 부를 수 있는 분위기를 만들어줄 필요가 있습니다.

(듣기 능력)

경청하는 방법
알려주기

"아이가 말을 참 잘하네요."

우리 아이가 말을 조리 있게 잘한다는 칭찬은 어떤 부모나 듣고 싶어 합니다. 그런데 이런 말은 기대해본 적 있나요?

"아이가 남의 말을 참 잘 경청하네요."

우리는 대개 말을 잘하기를 바랍니다. 자기 생각을 잘 전달하여 원하는 바를 끌어내거나 상대방과 원활한 의사소통을 하여 좋은 이미지를 줄 수 있기 때문이지요. 그러나 소통을 잘하기 위해서는 먼저 남이 하는 말을 잘 들어야 합니다. 그래서 듣기 능력은 말하기만큼이나 중요하답니다.

언어 활동에는 듣기, 말하기, 읽기, 쓰기가 있습니다. 듣기는 인간이 태어나서 가장 먼저 접하게 되는 언어 활동입니다. 우리는 말하는 양의 거의 두 배를, 읽는 양의 세 배를, 그리고 쓰는 양의 다섯 배를 듣는다고 합니다. 따라서 듣기 능력은 영유아 때부터 기초를 잘 다져 성장 단계에 따라 지속해서 행해져야, 본격적인 교육 활동을 할 시기가 왔을 때 말하기, 읽기, 쓰기에서도 효과를 얻을 수 있습니다.

그런데 우리 사회는 말하고 표현하는 능력에만 지나치게 치중하다 보니, 듣고 이해하는 과정을 그동안 외면해왔습니다. 듣기는 가르치지 않아도 자연스럽게 알게 된다고 생각하고 있지요. 물론 듣기 교육을 특별하게 받지 않아도 일상 대화나 의사소통에는 별문제가 없습니다. 그러나 좀 더 난도 높은 학습에 진입하면 다른 상황에 직면할 수 있습니다.

EBS다큐프라임 〈교육대기획─다시, 학교〉의 '교과서를 읽지 못하는 아이들' 편에는 중학생들이 학교생활의 어려움을 토로하는 장면이 나옵니다.

"학교 수업이 어려울 때 어떻게 했어?"
프로그램 진행자가 질문했다. 그러자 남자아이가 멋쩍게 웃으며 대답을 했다.
"'이 수업 끝내고 집에 가고 싶다. 혹은 수업을 하기 싫다'라는 생각을 하며 칠판만 뚫어져라 멍하게 쳐다보고 있는 거죠."

또 다른 남자아이는 이렇게 대답했다.

"제가 모르는 내용이라도 아는 단어가 몇 개씩 나올 때는 발표도 좀 하고 그러는데, 잘 알지도 못하고 약간의 관심도 없던 단어들이 많이 나오면 그냥 엎드려 자요."

이런 상황은 이미 흔합니다. 요즘은 학교에 입학하기도 전에 한글을 떼고 가는 초등학생이 대부분입니다. 그런데 왜 학생들이 학교 수업을 따라갈 수 없다는 어려움을 호소하는 걸까요? 이 프로그램에서는 그 이유를 어휘력이 부족해서라고 합니다. 저는 여기에 한 가지 더 덧붙이고 싶습니다. 바로 듣기 능력의 부족입니다.

표현력을 높이는 비밀, 듣기 능력

아이가 초등학교에서 학습 활동을 위해 처음 접하는 교과 과정은 '듣기'입니다. 학교 수업은 선생님의 설명을 듣고 이해하는 방식으로 진행되지요. 듣기 능력이 부족한 어린이는 수업을 원활히 따라가는 데 어려움을 느낍니다.

듣기 능력이란 정보를 이해, 해석, 종합하여 자신의 반응을 끌어내는 고도의 추상적 능력입니다. 학교에서 수업을 듣는다는 것은 단순히 음성 정보만을 받아들이는 것이 아니라, 자신의 배경지식을 바탕으로 그 정보를 재해석·정리하여 자기 것으로 익히는 과정입니다. 별것 아니라 생각했던 듣기 능력과 어휘력의 부족이 우리 아이들에게서 학업에 대한 자신감을 빼앗아 가고 있었던 거지요.

그렇다면 듣기 능력을 높일 수 있는 방법은 무엇이 있을까요? 가장 쉽고 효과적인 방법은 다양한 단어와 문장이 담겨 있는 동요를 듣고 부르면서 영유아 때부터 어휘를 소리로 먼저 익히는 것입니다. 그렇게 차곡차곡 쌓인 어휘력과 듣기 능력은 개인 간 소통은 물론이고 학교생활까지 원활하게 할 수 있는 원동력이 됩니다.

듣기 능력이 뛰어난 아이는 여러 가지 강점이 있습니다. 성적이 우수하다, 친구들에게 인기가 많다, 신중하고 의젓하다 등도 큰 강점이지만 이 중 가장 큰 장점은 풍부한 어휘를 바탕으로 상황에 맞게 적절한 표현을 사용해 말을 잘한다는 것입니다.

듣기 능력을 키우기 위해 아이들이 균형감 있는 듣기 활동을 할 수 있도록 도와주어야 합니다.

듣기 활동에는 들리기(Hearing)와 듣기(Listening)가 있습니다. 들리기는 들려오는 소리만을 인지하는 것이고, 듣기는 의미를 구성해내는 의도적이고 의식적인 언어 활동이라 할 수 있습니다. 아이와 듣기 활동할 때, 단순히 들려주기만 해서는 안 됩니다. 듣기라는 능동적 참여가 필요한 언어 활동을 해야 합니다. 그동안 아이에게 다양한 소리를 '들려주는' 방식으로 청각 자극을 주었다면, 거기서 한 걸음 더 나아가 아이가 '참여하는' 듣기 활동을 해보시길 권합니다.

동요도 그냥 들려주는 데서 나아가 능동적인 활동이 되어야 합니다. 동요를 한 번도 듣지 않고 자란 아이가 없을 정도로 동요 듣기는 아이를 키우는 가정이라면 필수적인 활동입니다. 다만 동요는 많이 들려주는 것보다 '어떻게' 들려주는가가 더 중요합니다. 동요 자체로 끝나지 않고 동요 자극이 되어야 하는 것이지요.

다시 말해 "우리 동요 들을까?"라며 CD플레이어나 유튜브 영상에 메들리 형식으로 연결된 동요를 무작정 들려주면 효과가 반감됩니다. 토마토 주스를 한 잔 마시거나 토마토를 먹으면서 〈멋쟁이 토마토〉를 같이 불러보길 추천합니다. 오감이 연결된 동요 듣기 활동이 제대로 된 효과를 가져올 겁니다.

> 리더십

의사를 정확하게
표현하기

또래 아이들보다 말문이 더디게 열리고 있는 4살 민우는 어린이집에서 자석 블록으로 자신이 좋아하는 비행기 모형을 만들었습니다.

"우리 민우, 비행기 만들었구나. 멋진데."

민우 입가에 미소가 번졌습니다. 민우는 자신을 칭찬하는 교사의 말을 모두 알아들은 겁니다. 그때 옆에서 놀던 희진이가 돌아봅니다. 아이들은 따라 하기를 좋아합니다. 자신도 민우처럼 비행기를 만들어 선생님의 칭찬을 듣고 싶습니다. 그래서 희진이는 민우가 만든 비행기를 살짝 건드려보았습니다. 그런데 자석 블록 비행기의 날개가 어이없이 떨어진 겁니다. 그 모습을 본 민우는 비행기를 바닥에 내팽개치고, "아니야!"라는 말을 외치며 울음을 터뜨렸습니다. 희진이는 눈이 동그래진 채 민우와 비행기를 쳐다보며 어찌할 바를 몰랐습니다.

민우는 자신이 애써 만든 비행기가 만족스러웠습니다. 선생님에게 칭찬까지 받아 더욱 기분이 좋았지요. 그런 비행기 모형을 희진이가 망가뜨린 겁니다. 민우는 방금까지 느꼈던 만족감도 비행기 날개와 함께 부서지는 걸 느낍니다.

당황스러운 것은 희진이도 마찬가지입니다. 민우가 만든 비행기가 멋지고 자신도 비행기를 만들어 칭찬을 받고 싶어서 그냥 만져본 건데 비행기 날개가 부서진 거죠. 미안한 마음이 들었지만 어떻게 해야 할지 알 수 없어서 당황스러워하는 희진이의 표정이 아직도 선명하게 떠오릅니다.

이처럼 아이들은 성장하면서 자신의 기분이나 처지를 다른 사람에게 전달해야 하는 상황이 생깁니다. 그러나 많은 아이가 자기 생각이나 느낌을 표현해줄 적절한 어휘와 표현 방법을 몰라서 떼를 쓰거나 고집을 피우는 등 부정적인 방법으로 감정을 드러내는 경우가 많습니다.

반면 말로 표현할 수 있는 아이는 원하는 것을 말로 전달하기 때문에 상대방과의 충돌을 피할 수 있습니다. 또한 자신의 감정을 올바로 받아들이고 극복하는 힘을 스스로 키웁니다.

즉 상대방과의 충돌을 피한다는 것은 아이가 자신의 의사를 정확하게 표현하되 타인을 배려하고 이해하며, 갈등을 조정할 수 있는 능력을 가지고 있다는 의미입니다. 바로 '리더십'이 뛰어난 것이라고 할 수 있습니다.

이덕주 언어치료사의 『말이 늦은 아이 속이 타는 부모』에 따르면 리더십이 뛰어난 아이는 자신의 소통 능력이 또래에게 어떤 영향을 미치는지도 잘 알고 있습니다. 이런 아이들은 새로운 환경에서도 원활하게 참여하고 즐기는 아이로 자랍니다.

전달력 높은 말하기 방법

언어 능력은 타인과의 소통 능력과 이어지고, 이는 사회성에 직결됩니다. 그렇기에 아이의 언어 능력은 곧 사회적인 능력이 되고 이후 리더로 자라나는 밑거름이 될 수 있지요. 유아기나 아동기에 리더 역할을 하는 아이들은 대부분 말을 논리적으로 잘하는 아이, 대화 속에 정보를 잘 전달하는 동시에 재미있게 이야기로 풀어내는 아이입니다.

그런 아이들이 다른 아이들을 이끌면서 리더가 됩니다. 어릴 때부터 이런 경험을 쌓은 아이가 이후 어른이 되어 사회로 나갔을 때 리더가 될 가능성도 크지요.

결국 아이가 자기 생각을 얼마나 잘 전달할 수 있느냐와 같은 능력이 아이의 리더십을 키워주는 중요한 요소랍니다. 그렇다면 부모는 어떻게 아이에게 전달력 있게 말하는 법을 알려줄 수 있을까요?

먼저 아이들이 쉽게 배울 수 있는 생생하고 전달력 있는 말이 무엇인지 알아봅시다. 아래의 예시문을 보겠습니다.

예시 1

창문 닫히는 소리에 놀랐다.

창문 닫히는 소리에 <u>가슴이 덜컥 내려앉았다</u>.

예시 2

노란 풍선이 터졌다.

노란 풍선이 <u>뻥 하고</u> 터졌다.

예시 3

화를 참는다.

화를 <u>꾹</u> 참는다.

예시 1, 2, 3의 두 문장들은 각각 표현하는 뜻이 같습니다. 예시 1은 '놀랐다'라는 감정의 전달이고, 예시 2는 풍선이 '터졌다'라는 사실의 전달이지요. 그러나 같은 뜻이라도 문장 속에 '덜컥', '뻥', '꾹' 등과 같은 의성어, 의태어가 들어간 표현이 훨씬 생생하고 전달력이 높다는 걸 알 수 있습니다.

의성어는 사람이나 사물의 소리를 흉내 낸 단어, 즉 '멍멍', '꼬꼬댁꼬꼬', '덜커덩덜커덩', '졸졸' 등이 있습니다. 의태어는 사물이나 사람의 태도·행동 등을 묘사한 단어, 즉 '덥석', '끄덕', '갸우뚱', '엎치락뒤치락' 등이 있지요.

의성어나 의태어는 말하는 사람의 감정과 느낌을 표현하는 어휘입니다. 즉 의성어, 의태어가 갖는 재미난 어감과 반복적 리듬감은 말하는 이의 감정을 정확히 그리고 생생하게 표현해줄 수 있습니다.

이제 의성어나 의태어가 들어간 표현이 전달력 있다는 건 알게 되었습니다. 그렇다면 영유아들에게 어떤 방식으로 의성어, 의태어를 가르칠 수 있을까요? 사전을 펴놓고 하나씩 알려줄 수는 없습니다.

답은 바로 동요에 있습니다. '돌 하나로 두 마리 토끼를 잡는다'라는 속담처럼 동요를 부르면서 동요 노랫말 속에 녹아 있는 의성어, 의태어를 자연스럽게 배울 수 있습니다.

의성어와 의태어로 생생하게 표현하기 🎵

친구를 만나면 인사해요
안녕 안녕 반가워
친구와 간식을 나눠 먹어요
냠냠 냠냠 맛있어.

친구 눈을 보면서 얘기해요
반짝반짝 예쁜 눈
친구가 말하면 들어줘요
쫑긋쫑긋 귀 쫑긋

〈친구야 사랑해〉(콩순이 쑥쑥 동요) 중에서

이 노래는 콩순이라는 캐릭터가 나오는 〈친구야 사랑해〉라는 동요입니다. 노랫말 속에는 영유아들이 재미있게 듣고 말할 수 있는 의성어·의태어 '냠냠', '반짝반짝', '쫑긋쫑긋'이 잘 표현되어 있습니다.

영유아들은 발음하기 쉽고 재미난 말을 노래와 함께 반복하여 따라 부르면서 '냠냠'은 어린아이가 음식을 맛있게 먹는 소리를 나타내는 말, '반짝반짝'은 빛나는 눈을 묘사할 때 쓰는 말, '쫑긋

쫑긋'은 입이나 귀 따위를 꼿꼿이 세우거나 뾰족이 내미는 모양을 나타내는 말이라는 걸 알게 됩니다.

이처럼 아직 집중력이나 이해력이 덜 발달한 영유아들은 반복적인 리듬이 있고 상상력을 자극하는 동요를 통해 의성어, 의태어를 자연스럽게 배울 수 있습니다. 또한 노래를 통해 배운 의성어, 의태어의 쓰임을 응용하여 더욱 표현력이 뛰어난 말을 할 수 있게 됩니다.

가령 '너는 눈이 예쁘구나'보다는 '너는 초롱초롱 빛나는 예쁜 눈을 가졌구나'라는 표현이 구체적이고 생생하게 전달됩니다. 어떤 부모는 이러한 표현이 너무 연극적이라고 말할 수 있습니다. 물론 그렇게 생각될 수 있습니다. 일상에서 우리가 사용하는 표현은 언제나 단순하고 명료하니까요. 그러나 코로나19 사태 이후 우리를 찾아온 비대면의 시대는 우리에게 단순한 의사소통의 도구적 말하기만이 아닌 감성 충만하고 생생한 문학적 말하기까지도 요구하고 있습니다.

아이의 언어 능력은 처음부터 만들어져 있다거나 바꿀 수 없는 것이 아닙니다. 물론 태어날 때부터 뛰어난 언어 감각을 타고난 아이들도 있고, 이런 아이들은 커서도 말에 자신감이 있고 풍부한 표현력을 가진 어른으로 성장할 가능성이 높지요. 그러나 부모의 언어 자극과 생각 표현 훈련으로도 아이의 언어 능력은 얼마든지 발전할 수 있습니다.

부모님이 조금만 도와주신다면 아이는 언어 자신감이 살아나고, 스스로 앞장서는 멋진 리더로 자라날 것입니다.

Chapter 4

부모가 마주치는 질문들

예민한 아이에게는
어떤 동요를 들려줘야 할까요?

A.

**아이 내면의 불안을 잠재우고
자존감을 찾을 수 있도록 도와주세요.**

제 아들은 참 예민한 아이였습니다. 아들이 초등학교에 입학한 후 얼마 되지 않아서 저는 난생처음 왕따가 된 느낌을 받았습니다. 저와 아들이 아파트를 지나가면 같은 입주민으로 보이는 엄마들이 흘깃거리며 서로 무슨 말인가를 주고받는데, 직감적으로 우리 모자를 두고 수군거린다는 걸 느꼈지요.

학교에 가서 선생님 상담을 받아보니, 아들이 손톱을 물어뜯는 불안 증세를 보이고 다른 아이들을 꼬집고 천방지축 사고뭉치 같은 행동을 한다는 말을 들었습니다. 그제야 왜 다른 학부모가 우리를 흘깃거렸는지 이해하게 되었지요.

그 후 저는 큰 결심을 했습니다. 회사를 그만두고 아이와 더 많은 시간을 보내며 아이를 이해하고 보듬어주기로 했습니다. 당시 저는 한국에 지사를 둔 미국계 회사에 다니고 있었는데, 그때만 해도 외국계 회사는 근무 조건이 좋았기 때문에 고민이 컸습니다. 그러나 아들의 행동에 문제가 있다는 것을 알았고 그 행동을 개선할 기회를 놓치면 안 되겠다고 생각했습니다.

먼저 이사를 하고 새로운 학교로 전학을 가서 아들에 대한 편견이 없는 곳에서 처음부터 다시 시작한다는 마음으로 초등학교 2학년을 보냈습니다. 그리고 아이와 저는 끊임없이 나와 타인의 감정에 대해, 그리고 그 감정을 다루는 태도에 관해 서로 이야기를 나누었습니다.

팝콘처럼 사방으로 튀는 아들의 말과 행동은 점차 예측 가능한 진동으로 잦아들기 시작했습니다. 그런데 3학년으로 진학한 후 얼마 되지 않아 담임 선생님이 저에게 상담을 요청했습니다. 아들이 자유 시간에 혼자서 학교 운동장 벤치에 다리를 꼬고 드러누워 하늘만 멍하게 본다고 했지요. 또래의 다른 남자아이들은 신나게 운동장을 뛰어다니는데 혼자서 가만히 시간을 보내는 아들의 행동이 걱정된다는 것이었습니다.

그때 저는 이렇게 대답했습니다.

"아이의 행동에 문제가 있다고 생각하지 않습니다. 아들의 행동이 다른 아이에게 피해를 주지만 않는다면, 선생님이 너그럽게 봐주셨으면 좋겠습니다."

당시 저는 제 아들을 믿었습니다. 아들의 상황을 그 누구보다도 가까이에서 지켜보고, 아들과 저 자신을 위해서 객관적인 시선을 잃지 않으려고 노력하고 있었지요. 그래서 아이를 온전히 믿을 수 있었습니다.

학년이 올라갈수록 아이는 마음의 진동을 멈추고 평온해지기 시작했습니다. 자기 내면이 고요해지자 자신을 흔들어대던 불안과 두려움을 제대로 보기 시작했고, 그것이 별것 아니라는 걸 알게 된 듯했습니다.

지금 돌아보면 그때 제가 타인의 시선이나 판단에 마음이 흔들렸다면, 아들은 불안하고 두려운 마음을 멈추지 못했을 거라는 생각이 듭니다.

아이는 일정 기간 부모가 만들어주는 안전한 둥지 속에서 보호를 받아야만 성장할 수 있습니다. 특히 예민한 아이들은 외부적 혹은 내부적 불안을 쉽게 흡수합니다. 그러나 따뜻한 둥지 속에서 평온을 찾으면 아이의 진짜 모습이 환하게 피어납니다.

예민한 아이들은 장점이 많습니다. 예민한 아이들은 외부 환경을 민감하게 알아차리기 때문에 쉽게 울음을 터트리고 분노를 표출합니다. 그러나 외부 환경을 예민하게 알아차리고 반응하는 기질은 나와 타인의 감정을 제때 이해하고 인정하는 공감 능력으로 성장하게 되지요.

아이들은 때로 소리나 냄새에 예민하여 편식하기도 하고 산만하고 집중하지 못하는 것처럼 보이지만, 자신이 좋아하는 것을 찾게 되면 엄청난 집중력을 보이기도 합니다.

그러니 예민한 기질이 무조건 나쁘다고 말할 수 없습니다. 만약 아이가 예민하다면 두려움을 이겨내고 자기 본모습을 드러낼 수 있도록 세심하게 보살펴주세요.

산만한 분위기를 가라앉히기 위해 예민한 아이들에게 서정적인 동요를 들려줘야 할까요? 혹은 축 가라앉아 있는 아이의 마음을 북돋우기 위해 신나는 동요를 들려줄까요? 둘 다 아닙니다. 아이의 기질을 억지로 바꾸려 하지 않는 것이 중요합니다.

사랑해요 아빠가 목마 태워주며 하는 말
사랑해요 엄마가 안아주며 하는 말
그래서 물었지요 사랑이 뭐냐고
엄마 아빠 웃으며 들려주는 말
사랑은 미워도 미워할 수 없는 마음
사랑은 할수록 자꾸 좋아지는 마음

〈사랑〉(김현정 작사, 노순덕 작곡) 중에서

〈사랑〉이라는 동요처럼 아이 마음을 부드럽게 만져주는 노래를 들려주세요. 하루에 한 곡이라도 아이 내면의 불안을 잠재우고 자존감을 찾을 수 있는 동요를 듣고 부를 수 있게 해주세요. 물론 동요가 아니어도 좋습니다. 부모의 따뜻한 말 한마디, 따뜻한 시선이면 족합니다. 아이는 결국 자기만의 색깔을 찾고 자신만의 아름다운 꽃을 피우게 된답니다.

동요에 관심이 없고 금방 지루해한다면 어떻게 들려줘야 할까요?

==처음부터 동요를 싫어하는 아이는 없습니다.==
==잃어버린 흥미는 부모와의 상호작용으로 찾을 수 있어요.==

저는 어린이집에서 0세부터 4세까지의 영아들을 주로 보육합니다. 영아들을 돌보다 보면 동요를 자주 들려줍니다. 동요를 듣고 곧 지루해하는 아기는 있어도 처음부터 관심이 없는 아기는 본 적이 없지요. 다시 말해 아기들은 본능적으로 음악적 자극에 관심을 보입니다. 다만 아기의 기질적 성향에 따라 좋아하는 동요가 다를 수는 있습니다.

그러나 연령이 높아지면서 동요에 관심이 없고 금방 싫증 내는 영유아를 흔하게 봅니다. TV 프로그램이나 장난감 혹은 또래 친구들과 노는 것 등 동요보다 더 재미있는 놀이를 발견한 것이지요.

아기는 성향에 따라서 뛰어노는 걸 좋아할 수 있고, 책 읽는 걸 좋아할 수도 있습니다. 음악이라도 동요보다는 현란한 멜로디의 아이돌 노래를 듣고 마음을 빼앗길 수도 있고, 노랫말이 없는 클래식 음악을 선호할 수도 있습니다. 비록 상황이 이러할지라도 동요는 영유아나 어린이에게 소외되어서는 안 됩니다.

동요에는 2분 30초의 힘이 있습니다. 동요의 길이는 대략 2분 30초 내외입니다. 2분 30초 동안 멜로디를 타고 정제된 언어 표현들이 아기들에게 무의식적으로 전달됩니다. 그렇게 전달되는 노랫말은 상상력을 자극하고 언어 발달을 돕습니다. 동요에 흥미를 잃은 영유아에게 이런 동요의 선한 영향력을 다시 돌려줄 방법은 무엇일까요?

먼저 '동요 듣고 부르기'에 대한 특수성을 이해해야 합니다. 아기들은 태어나면서부터 소리에 민감하고 나아가 반복적 리듬을 가진 동요에 호기심을 가집니다. 이런 호기심을 지속시키는 동인은 부모와의 상호작용입니다. 동요를 불러주는 목소리에서 느껴지는 따뜻함과 안정감 혹은 엄마의 손길에서 느껴지는 촉감이 어우러지는 입체적 상호작용입니다.

나는야 고치 속 아기 호랑나비
꽁꽁 싸맨 초록집 답답해 답답해
날개 펴고 훨훨 날고 싶어 투덜투덜
기다려 조금만 바람이 토닥이네!
꽃망울 입 열어 봄노래 할 때까지

〈아기 나비〉 중에서

영유아 혹은 어린이가 혼자서 동요 한 곡을 듣고 노랫말의 의미까지 이해하면서 멜로디에 흠뻑 빠지는 경우는 드뭅니다. 아이가 동요를 들으면 우선 멜로디에 반응하지만 노랫말이 주는 의미는 이해하지 못합니다.

이 곡에서는 아름다운 나비 한 마리가 세상에 나와 날개를 훨훨 펴기까지의 과정을 노랫말로 표현하고 있습니다. 이럴 때 나비와 관련한 그림책이나 이미지를 활용하여 나비와 친숙해질 필요가 있습니다. 동요를 함께 부르면서 다양한 시각 자료를 활용해 아이가 동요에 관심 가질 동기를 일깨워야 합니다.

이러한 방식으로 상호작용을 쌓아가면서 동요를 즐기는 방법을 아이에게 알려주세요. 아이들의 관심은 변화무쌍합니다. 방금까지 재미있게 가지고 놀던 장난감도 다른 친구들이 가지고 노는 장난감이 더 재미있어 보이면 바닥에 휙 던져버립니다.

마지막으로 아이에게 동요의 가치를 운운하며 많이 그리고 다양하게 들어야 한다고 강요해서는 절대 안 됩니다. 특히 동요에 흥미를 잃은 아기에게 여러 곡을 연속해서 들려주면 안 됩니다. 그렇게 하면 동요는 아기에게 듣기 싫은 소음이 됩니다. '노래는 싫어'라는 일종의 트라우마가 생길 수도 있습니다. 영양 많은 보양식도 소화할 수 있는 만큼 먹어야 탈이 나지 않는 법입니다.

Q.

영어 동요를
들려줘도 될까요?

조기 교육의 목적이 아니라
영어 맛보기 정도로만 들려주시길 추천해요.

 어린이집에서 영아를 보육하다 보면 영어 동요를 웅얼거리는 아이들을 많이 봅니다. 또한 학부모 상담 때 "아직 우리말이 서툰 아기에게 영어 동요를 들려줘도 될까요?"라는 질문을 받기도 합니다. 그런 질문을 받을 땐 사실 대답하기가 조금 난감합니다. 영아의 언어 발달 속도는 워낙 개인차가 심하기 때문이지요.
 많은 가정에서 이미 아이에게 영어 동요를 들려주고 있습니다. 들려주는 방법도 다양하지요. TV 프로그램이나 영어 동요 CD 그리고 유튜브 영상 등을 통해서 들려줍니다. 부모들은 왜 아기에게 영어 동요를 들려주고 싶은 걸까요?

영어 동요를 들려주는 이유는 가정마다 다르겠지만, 가장 큰 이유는 훗날 아이가 본격적으로 영어를 배우게 될 때를 대비하기 위해서입니다. 많은 부모가 아이가 어릴 때부터 영어 동요를 많이 듣고 성장하면 영어를 더 잘할 수 있다고 생각하는 것 같습니다. 이런 목적이라면 영어 동요 듣기를 크게 권하지는 않습니다. 효과가 그리 크지 않을 테니까요.

이렇게 가정해봅시다. 아무런 소리도 들리지 않는 공간에서 아이가 태어납니다. 이 공간에는 부모도 가족도 없습니다. 아기는 오롯이 혼자 있습니다. 그런데 하루에 몇 번씩 동요가 들려옵니다.

시간이 지나면 이 아이는 혼자서 듣고 말할 수 있을까요? 아닙니다. 그 이유가 뭘까요? 분명 동요를 많이 들으면 언어 발달에 큰 도움이 된다고 했는데 말이지요. 영아가 언어를 습득하는 방법의 특수성을 살펴보면 그 이유가 명확해집니다.

언어는 소리로만 듣고 배우고 익히는 것이 아닙니다. 아기가 '엄마'라는 단어 하나를 배우기 위해서는 '엄마'라는 소리와 함께 엄청난 양의 상호작용이 필요합니다. 엄마와 수없이 많은 눈맞춤과 접촉이 이루어진 뒤에야 '엄마'라는 말과 그 대상을 연결하게 되는 겁니다. 그러한 상호작용을 바탕으로 언어 발달이 시작되는 것이지요.

　부모는 아기가 태어날 때부터 일상적 의사소통이 가능해질 때까지 매 순간 말을 주고받습니다. 그때 사용하는 말이 한국어이든 영어이든 부모는 미세한 감정의 의사소통까지도 표현할 수 있는 언어로 아기와 말을 주고받아야 합니다. 부모는 아기의 언어적 거울입니다. 아기는 자기 부모와 자신을 둘러싼 언어적 환경 속에서 말을 배우고 익힙니다.

　일차적 언어 거울인 부모가 언어 사용이 미흡하여 일상적 대화나 감정선을 표현할 때 떠듬거리거나 어려움이 있다면 아기는 부모를 통해 그 언어를 제대로 배울 수 없습니다. 다시 말해서 부모가 아이에게 말을 할 때는 아무런 수고로움 없이 편안하게 말하고 노래 불러주고 책 읽어줄 수 있는 언어로 상호작용을 해야 합니다. 그래야만 아기가 안정적으로 언어를 배울 수 있습니다.

　동요를 통한 언어 자극은 아이와 부모의 언어적 상호작용이 선행되었을 때만 효과가 있습니다. 동요가 언어력을 키워줄 수는 있지만 동요만으로 언어를 깨칠 수 있는 것은 아닙니다. 즉 영어 동요를 아무리 많이 듣는다고 해도 일상에서 사용하는 언어가 한국어인 이상 따로 영어를 교육시키는 것만큼 효과를 보기는 어렵습니다.

　영아에게 영어 동요를 들려주고 싶다면 교육의 목적이 아니라 영어에 대한 거부감을 없애고 장차 배우게 될 언어에 대한 맛보기 정도로 가볍게 생각하시면 좋겠습니다.

동요를 꼭 직접 불러줘야 하나요?

A.

==아이에게 동요는 매개체일 뿐 결국 아이가 원하는 것은 부모의 사랑을 느끼는 것이랍니다.==

만약 아이에게 직접 물어본다면 아이는 TV나 스마트폰에서 나오는 동요를 듣고 싶어 할까요, 아니면 상호작용을 동반한 부모의 육성으로 동요를 듣고 싶어 할까요?

영아의 선택을 상상하기 전에 부모가 청소년 자녀에게 방탄소년단의 〈작은 것들을 위한 시〉를 들려준다고 가정해봅시다. 이때 부모가 자녀에게 "음원으로 노래를 들려줄까, 직접 불러줄까?"

라고 묻는다면, 아마도 대부분의 자녀는 음원으로 들려달라고 할 것입니다. 현실적으로 부모가 직접 불러줄 수도 없고요.

실제 방탄소년단의 〈작은 것들을 위한 시〉는 멜로디가 굉장히 화려합니다. 수많은 음악적 기교가 들어가 있고, 빠르기도 가수가 아니면 쉽게 따라 부를 수조차 없습니다. 일반인은 한두 소절 정도나 겨우 따라 부를 수 있을 겁니다.

이 노래는 만들 때부터 일반인이 따라 부르라고 만든 곡이라기보다는 음악적 예술성과 대중성을 극대화한 감상곡에 가깝습니다. 부모가 자녀와 이 곡을 함께 듣고 즐길 수는 있겠지만 자녀와 상호작용하며 따라 부르기엔 무리가 있습니다. 즉 노래는 대상을 염두에 두고 가사와 멜로디가 만들어지고, 그것을 즐기는 방법도 노래의 주 소비층에 따라 다릅니다.

다시 동요로 돌아와서 〈자장 자장 우리 아가〉를 영아에게 들려줄 때, 영아는 이 노래를 음원으로 듣고 싶어 할까요, 아니면 부모가 직접 불러주기를 원할까요? 우선 부모가 이 곡을 직접 불러주려면 부모의 시간과 노력이 들어가야 합니다. 노랫말을 암기해야 하고 멜로디도 익혀야 합니다. 그리고 나서 아기와 눈도 마주치고 손을 잡기도 하면서 노래를 불러줄 것입니다.

이 경우 아이는 노래를 오감으로 느끼며 듣게 되겠지요. 부모의 목소리를 듣고 체온과 향기를 느끼면서 동요를 듣게 됩니다. 다시 말해 아이가 부모와 일대일로 입체적 상호작용을 하며 동요를 듣게 되는 겁니다.

반대로 CD나 유튜브를 통해 들려줄 때는 딱히 부모의 노력이 필요하지 않습니다. 그리고 아기와 일대일로 소통하지 않아도 됩니다. 부모와 아기가 완성된 음악을 평면적으로 감상하는 정도가 됩니다. 동요를 들려줄 때도 반복 듣기로 음원을 틀어줄 수도 있고, 비슷한 느낌을 주는 자장가 모음을 연속하여 들려줄 수도 있습니다. 동요를 틀어주고 아이가 동요에 집중한 사이 부모가 잠시 아이 곁을 떠나 다른 일을 하기도 합니다. 그러면 아이는 혼자서 노래를 듣게 됩니다.

청소년 자녀가 방탄소년단의 〈작은 것들을 위한 시〉를 듣고 싶은 것은 음악 그 자체를 즐기고 싶기 때문입니다. 그리고 음악을 통해 부모가 아닌 또래 친구들과 상호작용을 하고 싶어 합니다. 그러나 영아가 〈자장 자장 우리 아가〉를 듣고 싶어 하는 이유는 동요 그 자체를 알고 즐기기 위함이 아닙니다. 노래라는 매개체를 통해 부모의 사랑을 느끼고 싶은 것이지요.

최근에는 동요를 듣고 부르는 연령대가 영유아로 많이 내려와 있지만, 동요는 기본적으로 아이와 부모가 함께 부를 수 있는 노래입니다. 따라서 동요는 아이는 물론이고 노래를 못하는 어른도 쉽게 부를 수 있도록 만들어집니다. 그렇게 어른과 아이는 노래를 통해 교감하고 음악적 온도를 높이면서 상호작용을 합니다. 이러한 관점에서 볼 때 직접 불러주는 방법이 더 효과적이랍니다.

Q.

특정 동요만 반복해서
듣는 아이, 괜찮은가요?

자신만의 취향이 있다는 것은 긍정적인 신호랍니다.
반복적 행동 패턴은 언어 모방의 기초가 되고
아이의 성장을 도울 겁니다.

아이가 동요 한 곡만을 계속해서 듣는 모습을 보면 엄마는 살짝 걱정될 수 있습니다. 편식은 나쁜 것이라는 생각에서 비롯되었을 겁니다. 동요가 언어 발달을 위한 학습 교재라면 당연히 다양한 교재를 보여주어야 더 좋다는 생각을 했을 수도 있고요.

그러나 동요는 기본적으로 음악입니다. 음악은 예술의 영역이고 예술에 대한 선호도는 다분히 개인의 취향에 영향을 받습니다.

사람은 누구나 자기만의 감성으로 개인적인 선호도를 가지고 있고 이는 아이도 마찬가지입니다. 아이가 특정 동요만을 반복해서 듣고 부른다면 그 역시 취향의 문제일 뿐입니다. 다른 동요들도 듣고 부르면 좋겠지만 반드시 그래야 하는 것은 아닙니다. 또한 특정한 행동을 반복하는 행동 패턴은 영유아 시절에 흔히 나타나는 특징이기도 하지요.

어린이집에서 3세 영아들과 함께 신나는 동요 〈그대로 멈춰라〉를 들으며 춤을 추었습니다. 그런데 노래가 끝나고 "이제 그만할까?"라고 말하면 울음을 터뜨리는 영아가 있습니다. 조금 내성적인 영아는 아쉬움이 가득 담긴 얼굴로 저를 쳐다보기도 합니다. 동요를 다시 한번 듣고 싶다는 것이지요. 좋아하는 동요를 듣고 친구들과 함께 춤을 추며 감정적으로 소통하고 교감하는 상황이 너무나 즐거웠던 겁니다.

언어로 감정을 표현하기 어려운 영유아에게 노래의 단절은 곧 소통의 단절로 느껴질 수 있습니다. 그렇다면 동요를 몇 번 더 들으며 춤을 추면 됩니다.

영아 개개인은 자기만의 감성적 이유로 특정 동요를 선호합니다. 그리고 자신이 좋아하는 동요를 반복해서 들으려는 경향을 보이는 때가 있습니다. 이럴 때 부모는 아기의 취향을 인정해주어야 합니다.

동요에는 언어 발달을 촉진하는 힘이 있습니다. 그렇지만 동요는 학습 교재가 아닙니다. 동요는 아이들을 위한 음악이고 나아가 예술 영역에 속해 있습니다. 그 누구도 자신의 취향을 타인에게 강요할 수는 없습니다. 그 대상이 자신의 아기라도 말입니다.

따라서 아기가 지겨워서 듣기 싫다고 할 때까지 듣게 놔두셔도 됩니다. 영유아기에 흔히 나타나는 반복적 행동 패턴이 오히려 언어 모방의 기초가 되고 성장을 도울 겁니다.

Q.

하루에 얼마나 들려줘야 할까요?

A.

아이에게 올바른 습관을 길러주기 위해서는 삼시 세끼 영양식을 먹듯 하루 세 번 이상 챙겨주세요.

몸과 마음이 건강하기 위해서는 기본적으로 영양이 가득한 식사를 삼시 세끼 챙겨 먹어야 합니다. 동요는 영유아기에 있는 아기에게 삼시 세끼에 해당합니다. 그래서 하루에 세 번은 꼭 들려주셨으면 합니다. 우선 아침에 일어났을 때는 일정한 시간에 같은 곡으로 동요를 들려주세요. 부모가 직접 노래를 불러서 깨워주어도 좋고 노래를 틀어주어도 좋습니다.

아이들이 어린이집에 등원할 때 때때로 지각하는 경우가 있습니다. 지각하는 이유는 주로 아침에 일어나지 못해서입니다. 동요를 통해 아이가 기분 좋게 일어날 수 있도록 도와주세요.

기상송으로 동요를 들려줄 때는 아기가 좋아하는 곡으로 선택해주면 좋습니다. 그러면 아이는 노래를 들으며 아침을 맞이하고 하루를 상쾌하게 시작하는 즐거운 경험을 쌓게 될 겁니다.

그리고 잠자기 전에도 동요를 들려주세요. 이때는 부모가 직접 불러주기를 추천합니다. 부모의 따뜻한 손길과 부드러운 목소리를 통해 아이는 행복하게 꿈나라로 갈 겁니다. 또한 일정한 시간을 정해두고 자장가 동요를 불러준다면 아이는 '이제 자야 하는 시간'이라는 것을 자연스럽게 알게 됩니다. 잠자는 시간이 들쑥날쑥하지 않도록 바른 생활 습관을 잡아주는 것입니다.

마지막으로 낮에는 시간과 장소에 구애받지 말고 자연스럽게 동요를 들려주면 됩니다. 기저귀 갈 때 혹은 부모 손을 잡고 하원할 때와 같은 특정 상황마다 같은 동요를 선택해 불러주면 좋습니다. 그러면 아기는 상황과 노래를 연관하여 생각하고, 스스로 마음의 준비를 할 수 있게 되어 더욱 안정감을 느낍니다.

이런 사소하지만 소중한 습관은 먼 훗날 좋은 추억이 될 거예요. 그 추억은 아기뿐만 아니라 부모의 마음속에도 꺼지지 않는 사랑의 불씨가 됩니다. 그리고 앞으로 자녀를 키우면서 겪게 될 수많은 난관을 극복하는 힘이 되겠지요.

연령별·주제별 추천 동요

연령별 추천 동요 리스트

0~12개월

〈가을바람〉 김규환 작사·작곡

〈강아지〉 김태오 작사, 정동순 작곡

〈겨울나무〉 이원수 작사, 정세문 작곡

〈과수원 길〉 박화목 작사, 김공선 작곡

〈귀뚜라미 우는 밤〉 김영일 작사, 오희섭 작곡

〈꼬까신〉 최계락 작사, 손대업 작곡

〈나뭇잎 배〉 박홍근 작사, 윤용하 작곡

〈노을〉 이동진 작사, 최현규 작곡

〈동대문을 열어라〉 작사·작곡 미상

〈들리나요〉 김현정 작사, 류지원 작곡

〈등대지기〉 작사·작곡 미상

〈반달〉 윤극영 작사·작곡

〈봄〉 오수경 작사, 박재훈 작곡

〈뽀로로 자동차 구조대〉 뽀로로

〈싹트네〉 작사·작곡 미상

〈어린이 왈츠〉 원치호 작사, 권길상 작곡

〈얼굴〉 심봉석 작사, 이선우 작곡

〈여름 냇가〉 이태선 작사, 박재훈 작곡

〈이슬〉 김동호 작사·작곡

〈자전거〉 목일신 작사, 김대현 작곡

〈코끼리 아저씨〉 강소천 작사, 박태현 작곡

12~24개월

〈가을길〉 김규환 작사·작곡

〈겨울밤〉 박경종 작사, 독일 민요

〈고드름〉 유지영 작사, 윤극영 작곡

〈구슬비〉 권오순 작사, 안병원 작곡

〈귀뚜라미〉 (『최승호·방시혁의 말놀이 동요집 2』) 최승호 작사, 방시혁 작곡

〈다람쥐〉 김영일 작사, 박재훈 작곡

〈달〉 윤석중 작사, 권길상 작곡

〈둘이 살짝〉 박경문 작사, 김방옥 작곡

〈리듬 악기 노래〉 이계석 작사·작곡

〈모두 제자리〉 김성균 작사·작곡

〈봄나들이〉 윤석중 작사, 권태호 작곡

〈어린 음악대〉 김성도 작사, 작곡

〈옆에 옆에〉 작사·작곡 미상

〈옥수수 하모니카〉 윤석중 작사, 홍난파 작곡

〈요기 여기〉 김정순 작사, 김숙경 작곡

〈작은 동물원〉 김성균 작사·작곡

〈종이접기〉 유경숙 작사, 김봉학 작곡

〈짝짜꿍〉 윤석중 작사, 정순철 작곡

〈짤랑짤랑〉 정근 작사, 이수인 작곡

〈코끼리 아저씨〉 강소천 작사, 박태현 작곡

〈햇볕은 쨍쨍〉 최옥란 작사, 홍난파 작곡

24~36개월

〈개구리〉 이동찬 작사, 홍난파 작곡

〈겨울바람〉 백순진 작사·작곡

〈고기잡이〉 윤극영 작사·작곡

〈기린이랑 사슴이랑〉 김영자 작사, 이은렬 작곡

〈기차를 타고〉 김옥순 작사, 김태호 작곡

〈동무들아〉 윤석중 작사, 외국 곡

〈모래성〉 박홍근 작사, 권길상 작곡

〈바둑이 방울〉 김규환 작사·작곡

〈봄비〉 전유순 작사, 이용수 작곡

〈새싹들이다〉 좌승원 작사·작곡

〈숲속 작은 집〉 핑크퐁

〈시계〉 작사 미상, 나운영 작곡

〈아기 염소〉 이해별 작사, 이순영 작곡

〈악어떼〉 이요섭 작사·작곡

〈얼룩 송아지〉 박목월 작사, 손대업 작곡

〈엄마돼지 아기돼지〉
박홍근 작사, 김규환 작곡

〈연어야 연어야〉 주유미 작사·작곡

〈오리야, 잠깐만〉 김현정 작사, 우덕상 작곡

〈우리집에 왜 왔니〉 작사·작곡 미상

〈잠자리〉 백약란 작사, 손대업 작곡

〈통통 통통 털보 영감님〉 작사·작곡 미상

36~48개월

〈건너가는 길〉 김성균 작사·작곡

〈김밥 신호등〉 윤대림 작사, 이우영 작곡

〈꼭꼭 약속해〉 구전 동요

〈당신은 누구시라고〉 작사·작곡 미상

〈리자로 끝나는 말〉 핑크퐁

〈모두 닭아요〉 김지운 작사·작곡

〈미소〉 강신욱 작사, 이수인 작곡

〈별〉 이병기 작사, 이수인 작곡

〈보슬비 내리는 날〉 김현정 작사, 이옥영 작곡

〈손씻기송〉 핑크퐁

〈숨바꼭질하는 밤〉 김현정 작사, 박수남 작곡

〈싹싹 닦아라〉 정근 작사·작곡

〈아빠 힘내세요〉 권연순 작사, 한수성 작곡

〈아빠는 엄마를 좋아해〉 외국 곡

〈여우야 여우야 뭐하니〉 전래 동요

〈잔디밭에는〉 선용 작사, 백현주 작곡

〈텔레비전〉 정근 작사·작곡

〈하늘나라 동화〉 이강산 작사·작곡

〈하마와 기린〉 핑크퐁

48~60개월

〈난 네가 좋아〉 정소희 작사, 김진숙 작곡

〈내 동생 곱슬머리〉 조운파 작사, 최종혁 작곡

〈느낌으로 말해요〉 이상인 작사, 권미현 작곡

〈늑대와 일곱 마리 아기 양〉 핑크퐁

〈데구루루 삼년고개〉 한은선 작사, 최유경 작곡

〈똑딱 가족〉 김인주 작사, 최유경 작곡

〈사랑 잔소리〉 이수영 작사, 김경은 작곡

〈서로의 별이 되어〉 오서영 작사, 오희섭 작곡

〈소나기 청소부〉 전세중 작사, 신은상 작곡

〈아기 나비〉 김현정 작사, 정홍근 작곡

〈아기 돼지 삼형제〉 핑크퐁

〈아름다운 세상〉 박학기 작사·작곡

〈올챙이와 개구리〉 윤현진 작사·작곡

〈원숭이〉 (『최승호·방시혁의 말놀이 동요집』) 최승호 작사, 방시혁 작곡

〈칭찬해〉 김현정 작사, 천득우 작곡

〈퐁당퐁당〉 윤석중 작사, 홍난파 작곡

〈흰 구름 푸른 구름〉 강소천 작사, 한용희 작곡

60개월 이상

〈꼭 안아줄래요〉 한경아 작사, 윤학준 작곡

〈나는 나〉 유금옥 작사, 권미현 작곡

〈'넌 할 수 있어'라고 말해주세요〉 곽진영 작사, 강수현 작곡

〈내 나라 내 겨레〉 김민기 작사, 송창식 작곡

〈누가 누가 잠자나〉 목일신 작사, 박태현 작곡

〈눈 꽃송이〉 서덕출 작사, 박재훈 작곡

〈돌과 물〉 윤석중 작사, 전석환 작곡

〈마라톤〉 배은영 작사, 김정녀 작곡

〈무지개〉 박희각 작사, 홍난파 작곡

〈박꽃피는 밤〉 김현정 작사, 이정희 작곡

〈설날〉 윤석중 작사, 윤극영 작곡

〈솜사탕〉 강신욱 작사, 이수인 작곡

〈수리수리 마수리〉 엄기원 작사, 이현진 작곡

〈시골 하루〉 권연순 작사, 한수성 작곡

〈아이들은〉 선용 작사, 정윤환 작곡

〈오늘은 내가 주인공〉
김옥순 작사, 박진영 작곡

〈요술망토〉 박보미 작사, 이자원 작곡

〈지구촌 한 가족〉 김현정 작사, 장윤선 작곡

〈포오포오 여행을 떠나요〉
신상훈 작사, 김세은 작곡

〈푸르다〉 박경종 작사, 권길상 작곡

주제별 추천 동요 리스트
동물이 나오는 동요

동물이 내는 울음소리나 동물의 행동을 의성어·의태어로 표현한 다양한 동요를 듣고 따라 부르면서 아이가 동물에 관한 표현들을 익힐 수 있다.

〈개구리〉 이동찬 작사·홍난파 작곡

한여름 밤 연못가나 논두렁에서 밤새도록 들려오는 개구리 울음소리를 노래로 표현한 동요다. 의성어 '개굴개굴'을 따라 하며 개구리 자세로 폴짝폴짝 뛰어보자.

〈악어떼〉 이요섭 작사·작곡

아이들은 악어의 움직임과 독특한 외모를 좋아해 악어 흉내를 내는 걸 즐긴다. 네 발로 엉금엉금 기어 다니는 악어의 모습을 따라하며 동요를 부르면 재미있는 놀이가 된다.

〈산토끼〉 이일래 작사·작곡

한국인이라면 남녀노소 구분할 것 없이 친숙한 동요다. 단순한 노랫말, 따라 부르기 좋은 리듬과 멜로디로 처음 말을 배우는 유아들에게 가르쳐주기 좋다.

〈꿀벌의 여행〉 이해별 작사, 이순형 작곡

아이들은 노랑과 검정이 교차하는 꿀벌의 귀여운 줄무늬와 윙윙거리는 날갯짓 소리를 재미있어한다. 이 동요는 꿀벌과 관련된 자연현상을 노래로 표현해 아이들의 호기심과 궁금증을 자극해준다.

〈화가〉 이강산 작사 작곡

감성적 표현이 서툰 유아들에게는 조금 어려울 수도 있지만, 서정적인 멜로디와 화려한 화음이 돋보이는 동요다. 이 동요를 듣다 보면 햇볕이 따뜻한 공원에서 활짝 핀 꽃 사이를 팔랑팔랑 날아다니는 나비를 떠올릴 수 있기에 아이들의 감성을 자극하고 발달시켜 줄 수 있다.

〈작은 동물원〉 김성균 작사·작곡

여러 동물들의 울음소리와 걷는 모양을 재미난 의성어·의태어로 표현했다. 아이들은 '병아리'라는 어휘보다 '삐악삐악'이라는 의성어를 더 쉽게 이해하고 좋아한다. 동물의 실제 울음소리와 비슷한 의성어를 통해 동물을 지칭하는 단어를 쉽게 배울 수 있다.

〈강아지〉 김태오 작사, 정동순 작곡

노랫말 속 강아지는 엉덩이를 흔들며 엄마를 '쫄랑쫄랑' 따라다니고, 학교에 갔다 돌아온 나를 보고 꼬리치며 반가워한다. 강아지를 좋아하는 아이가 즐겁게 듣고 부를 수 있다.

〈동물 흉내〉 작사·작곡 미상

동물을 좋아하는 아이에게 종합 선물 세트 같은 동요다. 오리, 염소, 돼지, 소 등 다양한 동물이 내는 울음소리를 의성어로 담았으며 아이는 동요를 부르면서 직접 다양한 동물이 되어 흉내 내기 놀이를 한다.

〈올챙이와 개구리〉 윤현진 작사·작곡

개울가에서 꼬물꼬물 헤엄치던 올챙이가 앞다리와 뒷다리가 쑥 나와서 개구리가 된다는 이야기를 담은 동요다. 아이가 노래를 부르며 팔다리를 이용해 율동하기 좋은 동요다.

감성 표현이 두드러지는 동요

다양한 감성 표현이 담겨 있는 동요를 반복해서 따라 부르다보면 아이는 일상 속에서 느끼는 자기감정을 제대로 알고 자연스럽게 표현할 수 있다. 아이에게 효과적인 감정 자극을 줄 수 있는 동요를 모았다.

〈아기 염소〉 이해별 작사, 이순형 작곡

날씨 변화에 따라서 시시각각 바뀌는 아기 염소들의 기분을 아이들이 좋아하는 어휘를 사용해 노래한 동요다. 기분을 은유적으로 표현하는 방법을 배울 수 있다.

〈네 잎 클로버〉 박영신 작사·작곡

따스한 기운이 세상을 감싸는 5월에, 행운을 가져다준다는 네잎 클로버를 발견하는 행복을 '랄라라'라는 흥겨운 노랫말로 표현했다. 아이들이 동요를 통해 행복한 감정을 기분 좋게 느낄 수 있다.

〈퐁당퐁당〉 윤석중 작사, 홍난파 작곡

아이들이 연못이나 강에 퐁당퐁당 돌을 던지며 즐거워하는 마음을 담고 있는 동요다. 신나고 재미있게 노는 아이들의 마음을 느끼게 해준다.

〈구슬비〉 권오순 작사, 안병원 작곡

구슬비가 내리는 풍경을 귀엽고 산뜻한 느낌으로 표현한 동요다. 노랫말에 담긴 의태어들을 따라 부르다 보면 어휘 속에 녹아 있는 다양한 정서를 간접적으로 경험할 수 있다.

〈우산 속의 요정〉 김남산 작사·작곡

비 오는 날의 신나고 들뜨는 마음을 잘 표현한 노래다. 아이들은 비 오는 날을 좋아한다. 우산 아래로 뚝뚝 떨어지는 빗소리를 들으며 빗물이 괸 땅을 첨벙첨벙 걷는 아이들의 얼굴은 세상을 다 가진 듯 즐겁다. 비 오는 날에 아이와 함께 들어보자.

〈봄비〉 전유순 작사, 이용수 작곡

봄에 내리는 비가 새싹들을 키우고 진달래, 개나리꽃을 아름답게 만들어준다는 내용을 담았다. 아이들에게 비가 오는 이유를 은유적으로 설명해줄 수 있는 아름다운 노래다.

〈귀여운 토끼〉 한예찬 작사, 조원경 작곡

동요 〈산토끼〉가 쉽고 단순한 노랫말로 아이들이 따라 부르기 쉽다면, 이 동요는 노랫말 속에 담긴 이야기를 아이와 함께 나누고 확장해볼 수 있다. "토끼가 고개를 돌리며 무얼 찾고 있을까?"처럼 아이에게 질문을 던지고 토끼가 처한 상황과 감정을 느껴보게 하자.

〈노을〉 이동진 작사, 최현규 작곡

황금빛 들판과 작은 초가에서 피어오르는 밥 짓는 연기를 노래하는 동요로 서정적인 가사와 멜로디로 이루어져 있다. 농촌의 아름다운 풍경을 상상할 수 있게 만드는 동요다.

〈소리는 새콤 글은 달콤〉 박수진 작사, 김애경 작곡

세상을 아름답게 꾸며주는 소리가 무엇인지 아이들이 생각해 볼 수 있도록 질문을 던지는 동요다. '아름다움'의 의미에 대해 생각할 거리를 던져준다.

생활 습관을 알려주는 동요

노래 한 곡에는 백 마디 말만큼의 울림이 있다. 특히 아이는 부모의 백 마디 잔소리보다 한 곡의 동요에 마음이 더 쉽게 움직인다. 올바른 생활 습관과 관련된 동요로 아이의 습관을 잡아주자.

〈치카포카 양치송〉 주니토니 by 키즈캐슬

동요 〈호키포키〉의 멜로디에 양치하는 방법에 대한 노랫말을 붙여 만든 동요다. 양치를 싫어하는 아이들이 스스로 양치하는 습관을 익히기 좋은 곡이다.

〈손씻기송〉 핑크퐁

아이들이 좋아하는 동물 캐릭터가 나와서 손 씻는 이유와 방법을 보여주는 유튜브 영상 동요다. 아이와 함께 노래를 부르며 손을 씻어보자.

〈나란히 나란히〉 윤석중 작사, 윤극영 작곡

아이들은 신발을 아무렇게나 벗어놓는 경우가 있다. 물건을 어지르고 치우지 않는 아이들도 있다. 이 동요를 통해 차분히 정리하는 습관을 길러주자.

⟨아이들은⟩ 선용 작사, 정윤환 작곡

세상이 밝고 즐거운 노래로 가득 찬 이유는 어린이가 자라고 있기 때문이라는 노랫말처럼 이 세상 모든 아이들은 소중한 존재다. 아이가 얼마나 대단한 존재인지 알려주는 동요를 들으면서 아이는 스스로 자존감을 높인다.

⟨장난감 기차⟩ 작사 미상, 전종환 작곡

형제 혹은 남매간의 정이 잘 표현된 동요다. 첫째 아이는 둘째 아이가 태어나면 부모의 사랑을 빼앗길까 봐 걱정이 많다. 그래서 때로 동생에게 짓궂은 행동을 한다. 노래를 통해 아이가 내면의 불안감을 떨쳐내고 긍정적으로 행동할 수 있도록 북돋울 수 있다.

⟨멋쟁이 토마토⟩ 김영광 작사작곡

토마토는 아이들에게 호불호가 선명하게 갈리는 채소이지만 토마토를 소재로 한 동요 ⟨멋쟁이 토마토⟩는 많은 아이에게 인기가 있다. 토마토가 주스와 케첩이 되는 것을 '꿀꺽', '찍' 등의 재미있는 말로 보여준다. 아이가 싫어하는 음식이 있다면 동요를 통해 친숙하게 다가가보자.

〈연 날리기〉 권연순 작사, 한수성 작곡

하늘을 나는 연이 모두 다 어우러져 친구가 되어 두둥실 춤을 추는 모습을 노래한다. 아이들에게 우정의 의미를 알려줄 수 있다.

〈누가 누가 잠자나〉 목일신 작사, 박태현 작곡

멜로디가 정감 있고 노랫말이 쉬워서 자장가로 들려주어도 좋은 동요다. 아이들이 잠을 자지 않고 보챌 때 부모의 목소리로 노래를 불러주면 아이가 안정감을 느끼며 편안하게 잠을 잘 수 있다.

탈것이 주제인 동요

아이들은 탈것을 굉장히 좋아한다. 장난감은 물론 실제 자동차와 기차, 비행기 등 다양한 탈것에 큰 흥미를 보인다.

탈것을 주제로 신나는 리듬감, 입에 착착 달라붙는 노랫말을 담은 동요를 모았다. 노래를 따라 부르는 사이 아이는 자연스럽게 탈것에 대한 어휘를 익히게 될 것이다.

〈기찻길 옆〉 윤석중 작사, 윤극영 작곡

유아들이 가장 좋아하는 탈것 중 하나가 기차다. 기다란 기차의 모습과 칙칙폭폭 소리가 아이들에게 즐거운 놀이가 된다.

〈비행기〉 윤석중 작사, 작곡 미상(미국 민요)

도레미 3음계만으로 이루어져 있어서 유아가 배우기 좋은 노래다. 비행기가 하늘에 떠서 높이높이 난다는 쉬운 노랫말은 단순하지만 강렬한 이미지로 아이들에게 말 재미를 느끼게 한다.

〈자전거〉 목일신 작사, 김대현 작곡

어물어물, 꾸물꾸물 등 행동을 묘사한 다양한 의태어를 담고 있는 동요다. 쉽고 재미난 멜로디를 통해 다양한 표현을 익힐 수 있다.

〈꼬마 자동차 붕붕〉 박형신 작사·작곡

'붕붕'은 자동차가 움직일 때 내는 의성어로 아이들은 '자동차'라는 단어보다 붕붕이라는 단어로 더 쉽게 자동차를 연상한다. 또한 꽃향기를 맡으면 힘이 솟는 꼬마 자동차라는 캐릭터는 아이들의 상상력을 자극한다. 꼬마 자동차와 함께 아이들은 상상 속 모험을 떠날 수 있다.

〈간다 간다〉 김성균 작사·작곡

자동차, 비행기, 기차를 소재로 한 동요로 이제 막 말을 배우는 아이가 쉽게 따라 부를 수 있다. 반복적인 말과 재미있는 의성어를 따라 부르면서 어휘를 익혀보자.

〈뽀로로 자동차 구조대〉 아이코닉스

아이들이 특히 좋아하는 경찰차, 구급차, 소방차를 색깔과 의성어로 구분하여 노래하는 동요다. 각 자동차가 언제 어느 때 필요한지 알려주면서 함께 출동 놀이를 해보자.

〈천하장사 중장비〉 아이코닉스

중장비를 좋아하는 아이들이 특히 많다. 불도저, 포크레인, 덤프

트럭, 레미콘의 차 종류가 나오는 동요다. 멋지고 커다란 중장비가 아이들의 마음을 사로잡는다.

〈**경찰차**〉 핑크퐁

곡의 초반부에 '요이요이호 요이요이 헤이 요이요이호호 요이요이 헤이'와 같은 무의미 음절과 함께 흥겨운 멜로디가 나온다. 실제 유아들이 굉장히 좋아하는 부분이다. 아이들은 무의미 음절을 통해 멜로디에 더 집중하며 음악에 한층 친숙해진다.

율동을 할 수 있는 동요

듣기만 해도 어깨와 엉덩이를 들썩이게 만드는 신나는 율동 동요를 모았다. 율동은 아이들의 신체 근육 발달에 큰 도움이 된다. 부모가 보여주는 간단한 몸짓을 따라 하면서 유대감이 높아지기도 한다.

〈짝짜꿍〉 윤석중 작사, 정순철 작곡

노랫말 '짝짜꿍'은 양 손바닥을 마주쳐 소리를 내는 동작을 표현한 의성어이자 의태어다. 노래와 함께하는 짝짜꿍 동작은 몸 전체의 혈을 자극한다. '도리도리' 노랫말을 따라 부르면서 유아가 머리를 좌우로 돌리는 동작을 하도록 유도하면 오래 누워 있는 아이에게 자연스럽게 목 운동을 시킬 수 있다.

〈모두 다 뛰놀자〉 박경문 작사, 김방옥 작곡

새처럼 훨훨 나는 모습, 한 바퀴 빙빙 도는 모습을 율동으로 따라 할 수 있는 동요다. 뛰고 날고 구르고 도는 동작을 몸으로 표현하면서 자연스럽게 몸을 활용한 놀이를 할 수 있다.

〈리듬 악기 노래〉 이계석 작사·작곡

북소리 둥둥둥, 캐스터네츠 짝짝짝, 탬버린 찰찰찰 등 악기가 만들어내는 소리를 표현한 의성어가 많은 동요다. '쿵따리 쿵따리 쿵쿵쿵'이 반복적으로 나오며 이 구절에서 아이는 신나게 춤을 출 수 있다.

〈그대로 멈춰라〉 김방옥 작사·작곡

어린이집에서 놀이로 많이 활용하는 동요다. 아이들이 함께 어울려 신나는 멜로디에 맞춰 춤을 추다가 동시에 동작을 멈춘다. 사실 아이들이 움직임을 멈추는 것은 쉽지 않다. 그러나 노래와 함께 이런 동작을 시도하면 신체 발달에 도움이 된다.

〈작은 주전자〉 핑크퐁

주전자가 보글보글 끓는 모양을 엉덩이나 손을 흔들면서 따라 하면 유아들에게 재미있는 놀이가 된다. 조금 끓는 주전자, 많이 끓는 주전자, 끓어 넘치는 주전자 등으로 동작의 크기를 바꾸면서 놀이할 수 있다.

〈다람쥐〉 김영일 작사 박재훈 작곡

산에 나들이를 가거나 산책하러 갔을 때 큰 나무나 덤불 사이를 재빠르게 달리는 다람쥐를 볼 수 있다. 나뭇가지 사이를 뛰어다니는 다람쥐의 귀여운 모습을 율동으로 따라해보자.

⟨짤랑짤랑⟩ 정근 작사, 이수인 작곡

이 동요는 유아들의 국민 체조 곡이라고 해도 과언이 아니다. 노랫말 전체가 몸을 움직이는 동작과 관련한 의태어로 구성되어 있어서 율동 동요로 적합하다. 짤랑짤랑이라는 노랫말에서 손목을 방울처럼 흔들어보자.

아름다운 표현을 담은 창작 동요

우리나라에는 1920년대부터 현재까지 어린이를 위한 주옥같은 창작 동요가 많이 만들어지고 있다. 우리 언어의 아름다운 감성이 담긴 창작 동요를 통해 아이의 언어와 감성이 발달한다.

〈푸르다〉 박경종 작사, 권길상 작곡

비가 온 뒤 산을 바라보면 구름이 산 중턱을 에워싸며 흘러가는 모습을 볼 수 있다. 토끼와 나비 모양 구름이 마차를 끌고 간다는 표현을 통해 아이들은 자신만의 상상력을 기른다.

〈여름 냇가〉 이태선 작사, 박재훈 작곡

이 곡은 시냇물이 흐르는 모양을 '졸졸졸', 물을 좋아하는 버드나무 가지가 가볍게 이리저리 흔들리는 모양을 '한들한들'이라고 표현한다. 여름 냇가의 시원한 풍경을 아름다운 언어로 담아냈다.

〈가을〉 백남석 작사, 현제명 작곡

가을바람이 가볍고 부드럽게 솔솔 불어오면 산에는 단풍이 물들기 시작한다. 이처럼 계절이 바뀌는 모습을 푸른 잎이 붉은 치마를 갈아입는다는 말로써 은유적으로 표현하고 있다. 우리나라의 계절 변화를 알 수 있는 동요다.

〈눈 꽃송이〉 서덕출 작사, 박재훈 작곡

창밖으로 하얀 눈이 찬바람에 흩날릴 때 눈 꽃송이가 내려앉은 모습을 아름답게 담아낸 동요다. 하얗게 눈꽃이 핀 겨울을 상상할 수 있게 해준다.

〈달맞이〉 윤석중 작사, 홍난파 작곡

바람이 불어 호수 물결이 잔잔하게 일렁이고 수양버들 나뭇가지가 흔들리는 달밤에 소금쟁이가 노니는 풍경을 아름답고 쉬운 시어로 노래한다. 풍경을 묘사한 아름다운 언어가 아이들의 감성을 자극하는 동요다.

〈마음이 이슬처럼〉 김교현 작사, 신진수 작곡

아이는 책상을 때리면 책상이 아플 거라 생각하고, 꽃들이 말을 할 수 있다고 믿는다. 순수한 마음을 지닌 아이들에게 아름다운 시어를 많이 들려줄 수 있는 곡이다.

〈눈〉 이태선 작사, 박재훈 작곡

〈눈 꽃송이〉와 함께 많은 사랑을 받는 겨울 동요다. 하얀 눈을 하늘나라 선녀가 뿌리는 '하얀 솜'과 '떡가루'라고 표현한 부분이 재미있다. 선녀가 왜 하늘에서 하얀 솜과 떡가루를 뿌렸는지 아이들과 이야기를 나눠보자.

0~6세, 매일 감성 자극 놀이법
하루 5분
동요의 힘

초판 1쇄 인쇄 2021년 2월 12일
초판 1쇄 발행 2021년 2월 19일

지은이 김현정
펴낸이 김선식

경영총괄 김은영
책임편집 김단비 **디자인** 김누 **크로스교정** 조세현 **책임마케터** 박태준, 유영은
콘텐츠사업7팀장 이여홍 **콘텐츠사업7팀** 김단비, 김누, 권예경
마케팅본부장 이주화 **마케팅3팀** 박태준, 유영은
미디어홍보본부장 정명찬 **홍보팀** 안지혜, 박재연, 이소영, 김은지
뉴미디어팀 김선욱, 염아라, 허지호, 김혜원, 이수인, 배한진, 임유나, 석찬미
저작권팀 한승빈, 김재원
경영관리본부 허대우, 하미선, 박상민, 권송이, 김민아, 윤이경, 이소희, 이우철, 김재경, 최완규, 이지우
외주스태프 표지·본문 일러스트 최진영

펴낸곳 다산북스 **출판등록** 2005년 12월 23일 제313-2005-00277호
주소 경기도 파주시 회동길 490, 3층
전화 02-704-1724
팩스 02-703-2219 **이메일** dasanbooks@dasanbooks.com
홈페이지 www.dasanbooks.com **블로그** blog.naver.com/dasan_books
출력·인쇄 민언프린텍

ISBN 979-11-306-3564-4 (13590)

• 책값은 뒤표지에 있습니다.
• 파본은 구입하신 서점에서 교환해드립니다.
• 이 책은 저작권법에 의하여 보호를 받는 저작물이므로 무단 전재와 복제를 금합니다.
• KOMCA 승인필

다산북스(DASANBOOKS)는 독자 여러분의 책에 관한 아이디어와 원고 투고를 기쁜 마음으로 기다리고 있습니다.
책 출간을 원하는 아이디어가 있으신 분은 다산북스 홈페이지 '원고투고'란으로 간단한 개요와 취지, 연락처 등을 보내주세요.
머뭇거리지 말고 문을 두드리세요.